爱因斯坦 著

我的世界观

张卜天 译

商务印书馆
The Commercial Press
二〇一九年 · 北京

图书在版编目(CIP)数据

我的世界观 / (美)阿尔伯特·爱因斯坦著;张卜天译. —北京:商务印书馆,2018(2019.7重印)
ISBN 978 - 7 - 100 - 14328 - 8

Ⅰ.①我… Ⅱ.①阿… ②张… Ⅲ.①爱因斯坦(Einstein,Albert 1879—1955)—文集 Ⅳ.①K837.126.1 - 53

中国版本图书馆 CIP 数据核字(2017)第 141168 号

我的世界观

〔美〕爱因斯坦 著

张卜天 译

───────────────

商 务 印 书 馆 出 版
(北京王府井大街36号 邮政编码100710)
商 务 印 书 馆 发 行
北 京 冠 中 印 刷 厂 印 刷
ISBN 978 - 7 - 100 - 14328 - 8

───────────────

2018年6月第1版 开本850×1168 1/32
2019年7月北京第3次印刷 印张8

定价:46.00 元

目　录

我眼中的世界

政治与和平主义

目 录

与纳粹做斗争

犹太人问题

科学贡献

我眼中的世界

我的世界观

　　我们这些终有一死之人的命运是多么奇特啊！在这个世上，每个人都是匆匆过客；目的何在，他并不知晓，尽管有时自认为感觉得到。但不必深思，从日常生活就可以知道，人是为他人而活着的——首先是为这样一些人，我们的幸福完全依赖于他们的快乐与健康；还为许多素不相识之人，同情的纽带将其命运与我们紧密相连。我每天无数次地提醒自己：我的精神生活和物质生活都依赖于他人的劳动，无论他们去世还是健在，我必须尽力以同等程度回报我已经领受和正在领受的东西。我强烈向往俭朴的生活，并时常为发觉自己占用了同胞们过多的劳动而心情沉重。我认为阶级的区分是不合理的，它最终以暴力为根据。我也相信，无论在身体上还是精神上，简单纯朴的生活对每个人都是有益的。

　　我完全不相信人会有哲学意义上的自由。每一个人的行为不仅受到外界的强迫，还要符合内在的必然。叔本华说："人能

3

做其所意愿,但不能意愿其所意愿。"①从青年时代起,这句话就一直激励着我;当我面对生活的困境时,它总能给我慰藉,并且永远是宽容的源泉。这种认识可以减轻那种容易使人气馁的责任感,防止我们太过严肃地对待自己和他人,而且有助于建立一种幽默在其中有着特殊地位的人生观。

客观地讲,要探究一个人自身或所有生物存在的意义或目的,我总觉得是荒唐可笑的。不过,每个人都有一些理想作为他努力和判断的指南。在这个意义上,我从不把安逸和享乐看成目的本身(我把这种伦理基础称为猪栏的理想)。照亮我道路的理想是善、美和真,它们不断给我以新的勇气去愉快地面对生活。倘若没有对志同道合者的亲切感,倘若不是全神贯注于客观世界,那个在艺术和科学研究领域永远达不到的对象,在我看来生活便是空虚的。人们努力追求的庸俗目标——财产、虚名、奢侈——我总觉得是可鄙的。

对于社会正义和社会责任,我有着强烈的感受,但对于直接接触他人和社会,我又表现出明显的淡漠,二者之间总是形成古怪的对照。我实在是一个"孤独的过客",从未全心全意地属于我的国家、我的家庭、我的朋友,甚至是我的直系亲人;在所有这些关系面前,我从未失去一种疏离感和保持孤独的需要,而且

---

① 叔本华这句话的德文原文是:Ein Mensch kann zwar tun, was er will, aber nicht wollen, was er will。英译文是:A man can do what he wants, but not want what he wants。——译者注

这种感受正与日俱增。人会清楚地发觉，与别人的相互理解和
协调一致是有限度的，但这并不足惜。这样的人无疑会失去一
些天真无邪和无忧无虑，但也因此能在很大程度上不为别人的
意见、习惯和判断所左右，并且不去尝试把他内心的平衡建立
在这样一些不可靠的基础之上。

　　我的政治理想是民主。每个人都应当作为人而受到尊重，
不要把任何人当作偶像来崇拜。我一直受到别人过分的赞扬和
尊敬，这不是我的过错或功劳，而实在是命运的嘲弄。这大概源
于许多人无法实现的一种愿望，他们想理解我以自己的绵薄之
力通过不懈努力所获得的几个观念。我清楚地知道，一个组织
要想实现它的目标，必须有一个人去思考、去指挥，并且全面担
负起责任。但被领导的人绝不能受到强迫，他们必须能够选择
自己的领袖。在我看来，强迫性的独裁专制很快就会腐化堕落，
因为暴力总是会吸引来一些品德低劣之人。我相信，天才的暴
君总是由恶棍来继承，这是一条亘古不变的规律。因此，我总是
强烈反对当今意大利和俄国的那些制度。今天欧洲的民主形式
之所以受到质疑，不能归咎于民主原则本身，而是由于政府缺乏
稳定性以及选举制度中人性考虑不足所造成的。在这方面，我
相信美国已经找到了正确的道路。他们选出的总统任期足够长，
有充分的权力来真正履行职责。而在德国的政治制度中，我所
看重的是，它为救助病人或贫困的人作了广泛规定。在丰富多
彩的人类生活中，我认为真正可贵的不是政治上的国家，而是有

创造性和情感的个人，是人格；只有个人才能创造出高贵和崇高的东西，而民众本身在思想和感觉上总是迟钝的。

接着这个话题，我要谈谈民众生活中一种最坏的表现，那就是我所憎恶的军事制度。一个人能以随着军乐旋律在队列中行进为乐，单凭这一点就足以让我鄙视他。他长了大脑只是出于误会，单凭脊髓就足以满足他的需要了。文明的这个罪恶之源应当尽快铲除。由命令而产生的英雄主义，毫无意义的暴行，打着爱国主义的旗号所进行的一切令人作呕的胡闹，所有这些都令我深恶痛绝。在我看来，战争是多么邪恶、卑鄙！我宁愿被千刀万剐，也不愿参与这种可憎的勾当。无论如何，我对人类的评价还是很高的。我相信，若不是那些通过学校教育和报刊媒体而起作用的商业与政治利益系统地破坏了人们的健康感受，战争这个恶魔早就消失不见了。

我们所能拥有的最美好的体验是神秘体验。这种基本情感是真正的艺术与科学的策源地。谁要是不了解它，不再有好奇心和惊异感，谁就无异于行尸走肉，其视线是模糊不清的。正是这种对神秘的体验——即使夹杂着恐惧——产生了宗教。我们认识到有某种无法参透的东西存在着，感受到只能以最原始的形式为我们的心灵所把握的最深奥的理性和最灿烂的美——正是这种认识和这种情感构成了真正的宗教性；在这个意义上，也仅仅是在这个意义上，我才是一个笃信宗教的人。我无法想象神会对自己的造物加以赏罚，也无法想象他会有我们亲身体验到的那样一种意志。我不能也不愿去想象一个人在肉体死亡之后还会继续活着；让那些脆弱的灵魂，出于恐惧或者可笑的唯我论，去拿这些思想当宝贝吧！我满足于生命永恒的奥秘，满足于知晓和窥探现有世界的神奇结构，能以诚挚的努力去领悟显示于自然之中的那个理性的一部分，哪怕只是极小一部分，我也就心满意足了。

生活的意义

人生的意义是什么？或者就此而言，任何生物活着的意义是什么？想知道这个问题的答案，就意味着要有宗教信仰。你问：那么提出这个问题是否有意义呢？我回答：认为自己的生活和别人的生活毫无意义的人不仅不幸，而且很难适应生活。

人的真正价值

  一个人的真正价值主要取决于他在什么程度和什么意义上从自我解放出来。

论财富

我确信，世界上任何财富都无法使人类进步，哪怕掌握财富的是对进步事业最热诚的那些人。只有伟大而纯洁的个人榜样才能把我们引向高尚的思想和行为。金钱只能唤起自私自利，并且无可抗拒地导致滥用。

谁能想象摩西、耶稣或甘地竟挎着卡内基的钱包呢？

社会与个人

只要考察一下我们的生活和工作，就会看到我们几乎所有的行动和愿望都与别人的生存紧密相关。我们的整个本性都类似于群居动物的本性。我们吃别人生产的食物，穿别人缝的衣服，住别人造的房子。我们的知识和信念大都是通过别人创造的语言媒介由别人传授给我们。倘若没有语言，我们的心智能力会贫乏得同高等动物不相上下；因此不得不承认，我们相对于野兽的主要优势就在于我们生活在人类社会中。一个人如果生下来就离群索居，孤立无援，那么他的思想和感情中保留的原始性和兽性会达到我们难以想象的程度。个人之所以是个人和之所以有意义，与其说是凭借他的个性，不如说是因为他是一个大的人类社会的成员，从生到死，社会都支配着他在物质和精神上的生存。

一个人对社会的价值主要取决于他的感情、思想和行动对增进人类的利益有多大贡献。根据他在这方面的态度，我们说他是好的或坏的。初看起来，我们对一个人的评价仿佛完全依赖于他的社会品质。

但这种态度是错误的。很容易看到，我们从社会中获得的一切有价值的成就，无论是物质的、精神的还是道德方面的，都是由世世代代有创造性的个人所取得的。有人发明了用火，有人培育了可食用的植物，还有人发明了蒸汽机。

只有个人才能思考，从而为社会创造新的价值，甚至还能为集体生活建立起新的道德标准。如果没有能够独立思考和独立判断的有创造性的个人，社会的前进就不可想象，就像如果没有社会土壤提供养料，个人人格的发展就不可想象一样。

因此，社会的健康既取决于个人之间密切的社会结合，又取决于个人的独立性。有人说得不错：希腊－欧洲－美洲文化，尤其是它在那个结束了中世纪欧洲停滞状态的意大利文艺复兴时期的繁荣兴旺，其真正的基础就在于个人的解放与独立。

现在来看看我们所生活的时代。社会的情况如何？个人的情况如何？与之前的时代相比，文明国家的人口稠密多了；今天欧洲的人口大约是一百年前的三倍，而第一流人物的数量却不相称地在减少。只有极少数人通过他们创造性的成就才作为个体为大众所知。组织已经在某种程度上取代了第一流人物，这在技术领域尤为突出，在科学领域也已达到十分显著的程度。

卓越人物的匮乏在艺术领域尤其显著。绘画和音乐已经退化，并且在很大程度上失去了对大众的吸引力。在政治上不仅缺乏领袖，公民的独立精神和正义感也已大大衰退。建立在这种独立性基础上的民主议会制度在很多地方已经动摇；由于人们对个人尊严和权利的感受已不再足够强烈，独裁政权才会不断涌现并且得到容忍。只需短短两周时间，任何国家的羊群般的大众就能被报纸煽动到一种激昂亢奋的状态，以致准备穿上军装，为少数与之有利害关系的党派的肮脏目的去冒死厮杀。今天的文明人类正遭受着个人尊严的丧失，在我看来，义务兵役制就是其最可耻的症状。难怪有不少预言家预言，我们的文明很快就会衰落。我并非这些悲观论者中的一员，我相信更好的时代正在到来。让我简要陈述一下我这种信心的由来。

在我看来，目前之所以出现衰落，是因为经济和技术的发展大大加强了生存竞争，严重损害了个人的自由发展。但技术的发展意味着个人为满足社会需求所必须做的工作越来越少。有计划的分工正越来越成为迫切的需要，这种分工会使个人的物质生活得到保障。有了这种保障，加之个人有更多的空闲时间和精力可以自行支配，其个性就能得到发展。这样一来，社会就可以逐渐恢复健康。我们希望未来的历史学家会把今天社会的病态症状解释为雄心勃勃的人类的童年疾病，它完全是文明进程太快所致。

国家与个人良心

亲爱的科学家同仁：

如果一个人的良心认为，政府规定他去做的事情或者社会期望他采取的态度是错误的，他该怎么办呢？这其实是一个老问题。我们很容易说，一个人不该对他在不可抗拒的强迫下所做的事情负责，因为他完全依赖于他所生活的社会，因此必须接受它的规则。但对这种想法的表述本身就清楚地说明，这样一个概念同我们的正义感有多么大的反差。

外界的强迫可以在一定程度上减少但绝不可能完全消除一个人的责任。在纽伦堡审判中，这种想法被视为自明的。我们的制度、法律和习俗中一切有道德意义的东西都可以追溯到对无数人的正义感的解释。制度要是得不到个体责任感的支持，在道德的意义上就是无能的。努力唤起和加强这种个体责任感乃是对人类的重要贡献。

在我们这个时代，科学家和工程师担负着特殊的道德责任，因为发展导致大规模破坏的军事手段属于他们的活动领域。因此我感到成立"科学的社会责任协会"满足了一种真切的需要。通过对内在问题进行讨论,该协会能使个人更容易澄清自己的想法,对自己应当怎样做持一种明确的立场。此外,对于那些因为遵照自己的良心而面临困境的人,相互帮助更是必不可少的。

善与恶

　　从原则上讲，对人类和人类生活的提高最有贡献的人应当最受爱戴。但如果进一步追问这些人是谁，就会碰到不小的困难。政治领袖甚至是宗教领袖所做的究竟好事多还是坏事多，往往难有定论。因此我非常真诚地相信，一个人对人民最好的服务是让他们去做某种提升境界的工作，从而间接提升他们的境界。这尤其适用于大艺术家，在较小的程度上也适用于科学家。当然，提升一个人的境界、丰富其本性的并非科学研究的成果，而是追求理解的冲动，是创造性或领悟性的脑力劳动。因此，从《塔木德》(*Talmud*) 的思想成果来判断这部法典的价值肯定是不适当的。

宗教与科学

人类所思所做的一切都关系到满足深切的需要和减轻苦痛。想要理解精神活动及其发展，就要时常记住这一点。情感和渴望是人类一切努力和创造背后的动力，无论呈现在我们眼前的这些努力和创造显得有多么高贵。那么，将人引到最广义的宗教思想和信仰的情感和需求是什么呢？只要稍作思考，便不难明白，使宗教思想和宗教经验得以产生的乃是各种各样的情感。在原始人那里，唤起宗教观念的主要是恐惧——对饥饿、野兽、疾病和死亡的恐惧。因为在人类生存的这一阶段，对因果关系的认识通常还不够深入，人们就在头脑中创造出一些与自己多少有些相似的虚幻之物，那些令人恐惧的事情都来自它们的意志和行为。于是人们便努力求得那些虚幻之物的恩宠，按照代代相传的传统，通过一些行动和祭献，以讨好它们，或者使之对人有好感。在这个意义上，我所谈的是恐惧宗教。这种宗教虽然不是由人创造出来的，但由于形成了一个特殊的祭司阶层，它就具有相当的稳定性；祭司阶层把自己确立为人民和他们所惧怕的鬼神之间的中间人，并且在此基础上建立起一种霸权。在很多情况下，那些靠别的因素而获得地位的首领、统治者或特权阶层，为了巩固其世俗权力，会把这种权利同祭司的职能结合起来；或者，政治上的统治者会与祭司阶层为了各自的利益而进行合作。

社会冲动是形成宗教的另一个源泉。无论是家中的父母还是更大人类共同体的领袖都不免会死和犯错。渴望得到引导、爱和支持，促使人形成了社会或道德意义上的上帝观。这是一个天意的上帝，掌管着保护、处置、奖惩等权力；他按照信仰者目光所及的范围来爱护和抚育部族或人类的生命，甚至是生命本身；他是生者在悲痛和愿望得不到满足时的安慰者，也是死者灵魂的保护者。这便是社会或道德意义上的上帝观。

犹太经典极好地说明了从恐惧宗教到道德宗教的发展，这种发展在《新约》中得到继续。一切文明民族，尤其是东方民族的宗教，主要是道德宗教。从恐惧宗教发展到道德宗教是民族生活的一大进步。但我们必须防止一种偏见，以为原始宗教完全以恐惧为基础，而文明民族的宗教纯粹以道德为基础。事实上，一切宗教都是以上两种宗教的混合，其区别在于：社会生活水平越高，道德宗教就越占主导。

所有这些类型的宗教都有一个共同点，那就是它们的上帝观念都有拟人化特征。一般来说，只有具有非凡天才的个人和品质极高的集体才能大大超越这一层次。但属于所有这些宗教的还有第三个宗教经验阶段，尽管很少能够见到它的纯粹形式：我把它称为"宇宙宗教感情"。要向完全没有这种情感的人阐明它是什么，那是非常困难的，特别是因为没有什么拟人化的上帝观念能与之对应。

个人感觉到人的欲望和目标都属徒然，而大自然和思维世界却显示出令人惊异的崇高秩序。他觉得个人的生活犹如监狱，想把宇宙当成一个有意义的整体来体验。宇宙宗教感情的开端早已有之，比如在大卫的《诗篇》和犹太教的某些先知那里。在佛教中，这种情感要素还要强烈得多，我们尤其可以从叔本华的美妙著作中读到。

一切时代的宗教天才皆因这种宗教情感而卓著，它既无教条，也无以人的形象而构想的上帝，因此不可能有哪个教会会把核心教义建立在它的基础上。因此，恰恰在每个时代的离经叛道者当中，我们可以找到充满这种最高宗教感情的人。在很多情况下，他们都被其同时代人视为无神论者，有时也被看作圣人。由是观之，像德谟克利特、阿西西的方济各（Francis of Assisi）和斯宾诺莎这样的人彼此都极为近似。

如果宇宙宗教感情给不出关于上帝的明确观念，也提不出什么神学，它又如何能得到传承呢？在我看来，艺术与科学最重要的功能便是唤醒某些人身上的这种感情，并使之生生不息。

由此可见，我们对科学与宗教关系的看法与通常的看法大不相同。如果从历史角度来看问题，人们总是倾向于认为科学与宗教势不两立、无法调和，其理由显而易见。凡彻底相信因果律发挥着普遍作用的人，对于那种认为神来干预事件进程的想法是一刻也不能容忍的——当然前提是，他对因果性假说是非常认真的。他用不着恐惧的宗教，也用不着社会或道德的宗教。一个有赏罚的上帝是他所无法设想的，理由很简单：一个人的行为是由外在和内在的必然性决定的，因此在上帝眼里，他不必为自己的行为负责，正如一个无生命物体不必对自己的运动负责一样。有人因此指责科学损害道德，但这种指责是不公正的。一个人的伦理行为可以不需要宗教基础，但应当有效地建立在同情心、教育、社会联系和社会需求上。如果一个人仅仅因为害怕死后受罚和希望死后得到奖赏才去约束自己，那就不好了。

由此不难理解，为什么教会总要与科学作对，并且迫害献身科学的人。另一方面，我认为宇宙宗教感情是科学研究最有力和最高尚的动机。只有认识到理论科学的开创需要付出巨大的努力甚至是献身，才能领会这样一种感情的力量，只有凭借这种力量才能做出那种远离现实生活的工作。为了揭示天体力学的原理，开普勒和牛顿不知默默工作了多少个年头，他们对宇宙合理性的信念该是多么真挚，理解它的愿望又该是多么热切！而宇宙合理性只不过是显示在这世界上的理性的一点微弱反映罢了。那些主要从实际结果来认识科学研究的人很难正确理解下面一些人的精神状态：他们遭到世人的怀疑，却为志同道合者指明了道路。这种人虽然不多，但世界各地和各个时代都有。只有终生致力于类似目的的人才能深切体会到，究竟是什么在激励这些人并且赋予他们以力量，使其无论经历多少挫折都能矢志不渝。给人以这种力量的正是宇宙宗教感情。有一个当代人说的不错：在我们这个唯物主义时代，只有严肃的科学工作者才是深信宗教的人。

科学的宗教精神

在思想深刻的科学家当中，你很难找到一个没有自己宗教感情的人。但这种宗教感情与常人不同。在常人眼里，上帝是这样一个对象，人们希望得到它的庇佑，害怕受到它的惩罚；这种感情类似于孩子对父亲的那种感情的升华，可以说常人与这个上帝建立起一种个人关系，无论这其中含有多少敬畏的成分。

而科学家却一心相信普遍的因果关系。在他看来，未来和过去一样，在任何细节上都是必然和确定的。道德并不是什么神圣的东西，它纯粹是人的事情。他的宗教感情表现为对自然规律的和谐感到一种狂喜的惊奇，这种和谐显示出一种高超的智能，与之相比，人类一切有系统的思想和行动都只是它微不足道的反映罢了。这种感情是他生活和工作的指导原则，因为他成功地摆脱了私欲的束缚。这种感情与那种令各个时代的宗教天才着迷的感情无疑非常相似。

失去的天堂

直到 17 世纪，整个欧洲的学者和艺术家们还被一种共同的理想主义纽带紧密地团结在一起，他们之间的合作几乎不会受到政治事件的影响。对拉丁语的普遍使用进一步加强了这种团结。

今天我们回顾这种局面，就像看到了一个失去的天堂。民族主义的激情已经摧毁了这个思想共同体，曾经把整个世界联合在一起的拉丁语业已死去。学者们成了最极端的民族主义传统的代表，并且失去了对联合体的感觉。

今天，我们面临一个令人不安的事实：从事实际事务的政治家竟然成了国际观念的倡导者。正是他们创立了国际联盟。

伦理教育的需要

　　值此伦理教育协会庆祝周年纪念之际，我特向你们致以祝贺和良好的祝愿。诚然，对于这 75 年来在伦理方面的诚挚追求所取得的成果，我们尚不能感到满意。因为我们很难断言，今天人类生活的道德方面总体而言要比 1876 年更令人满意。

　　那时有一种观点认为，只要在可查明的科学事实领域获得启发，并且征服了偏见和迷信，就可以希望得到一切。所有这些固然重要，值得最出色的人倾尽全力。在这方面，这 75 年已经取得了很多成就，并通过文学和戏剧表演作了传播。但障碍的清除本身并不会使社会生活和个人生活高尚起来。因为除了这个负面结果，还有一种至关重要的正面的志向和努力，要使我们的共同生活具有一种伦理道德结构。这里任何科学都救不了我们。我甚至相信，在我们的教育中，过分强调纯理智的、往往只讲求事实和实用的态度，已经直接导致了对伦理价值的损害。我所想到的与其说是技术进步使人类直接面临的危险，不如说是一种宛如致命的严霜压在人类关系之上的"务实"思维习惯对人类相互顾及的窒息。

专注于艺术要比专注于科学更容易在道德和审美方面得到满足。当然，对我们同胞的**理解**是重要的，但只有在忧乐与共时，这种理解才能有好结果。清除了迷信成分之后，留给宗教的正是培养道德行为的这个最重要的源泉。在这个意义上，宗教构成了教育的一个重要部分，但教育对宗教考虑太少，就连那一点考虑也很不系统。

世界的政治形势所处的可怕困境与我们文明的这种忽视之罪有很大关系。没有"伦理教育"，人类就不会得救。

法西斯主义与科学

出于良知，意大利最著名和最受尊敬的两位科学家在危难之际请我给您写信，希望可能阻止那种正在威胁该国学者的残酷折磨。我指的是要求向法西斯主义制度宣誓效忠。此信的要点是想请您劝告墨索里尼先生，不要对意大利知识界的精英进行这种羞辱。

不论我们在政治信仰上有多大分歧，我们在一个基本点上是一致的：我们都钦佩欧洲知识分子的杰出成就，并且从中看出了我们的最高价值。之所以能够取得这些成就，其基础在于思想自由和教学自由，在于追求真理的渴望必须优先于其他一切渴望。只有在这一基础上，我们的文明才能在希腊产生，才能在文艺复兴时期的意大利重获新生。我们这份最宝贵的财富是用纯洁而伟大的殉道者的鲜血换来的，因为有了他们，今天的意大利才仍然受到爱慕和尊敬。

我不想同您争论以何种国家名义侵犯人的自由才算合法。但任何一个政府都应懂得，追求脱离了日常生活实际利益的科学真理才是神圣的；让那些诚挚地追求真理的人不受打扰，这符合所有人的最高利益，无疑也符合意大利国家的利益及其在世人眼中的威望。

论学术自由

　　学术职位有很多，明智而高尚的教师却很少。报告厅很大也很多，真正渴望真理和正义的青年人却不多。大自然制造的物件有很多，但令其钟意的产品却很少。

　　这些我们都清楚，那为何还要抱怨？难道不是向来如此，将来也将一直如此吗？诚然，大自然给我们什么，我们就得接受什么，但也有一种类似于时代精神的东西，它是某一代人彼此传递的典型的心灵态度，给社会打下了它的独特印记。我们每一个人都应以转变这种时代精神为己任。

　　试把一百年前大学生们生气勃勃的精神与今天流行的精神进行对比。那时，他们相信人类社会能够得到改良，尊重任何诚恳的意见，并拥有伟大人物曾为之献身奋斗的那种宽容。在那些日子里，人们为一个更大的政治统一体（当时被称为"德意志"）而奋斗。热衷于这些理想的正是大学里的学生和教师。

　　如今，也有人在渴望社会进步，渴望宽容和思想自由，渴望建立一个更大的政治统一体，即我们今天所说的欧洲。但我们大学里的学生和教师已经不再能体现人民的希望和理想了。任何人只要清醒而冷静地打量一下当前这个时代，都必定会承认这一点。

我们今天聚在一起就是要对自己做出判断。本次会议的外因是贡贝尔事件。这个宣扬正义的人以满腔的热情和极大的勇气，光明磊落地揭露了许多尚未得到惩处的政治罪行。他通过他的书为社会做出了极大贡献。但正是这样一个人，其大学里的学生和许多教员却一心要把他驱逐出去。

绝不能允许政治激情发展到这样的地步。我深信，任何不带偏见地读过贡贝尔著作的人都会有和我相同的印象。若想建立一个健康的政治社会，像他这样的人是必不可少的。

让每一个人都根据自己所读到的东西，而不是根据道听途说来判断吧。

果真如此，那么贡贝尔事件尽管有不光彩的开端，但也可能变成好事。

现代审问方法

1953 年 5 月 16 日

亲爱的弗劳恩格拉斯先生：

感谢你的来信。所谓"偏僻领域"，我指的是物理学的理论基础。

我国知识分子所面临的问题非常严峻。反动政客在公众眼前虚晃着一种外来的危险，以使他们对一切思想上的努力都表示怀疑。到目前为止，这伙人已经得逞，现在又开始压制教学自由，凡不顺从者就剥夺其职位，也就是要饿死他们。

作为少数群体，知识分子应当如何来反对这种罪恶呢？坦率地讲，我看只能走甘地意义上那种不合作的革命道路。每一个受到委员会传讯的知识分子都应拒绝作证，也就是说，他必须准备坐牢和经济破产，简而言之，必须准备为其祖国的文化繁荣而牺牲个人幸福。

但这种拒绝作证绝不能依据众所周知的那种遁词，即援引《第五修正案》以免自己可能受到牵连，而应依据这样的主张：

30

清白的公民屈服于这种审问是可耻的，这种审问违反了《宪法》精神。

　　如果有足够多的人愿意迈出这严肃的一步，他们就会取得胜利。否则，我国知识分子所应得到的，绝不会比打算让他们接受的奴役更好。

又及：不必将此信视为"机密"。

培养独立思考的教育

教给人专业知识是不够的，否则他可能成为一种有用的机器，但人格却得不到和谐发展。务必让学生对价值观念有所理解并产生热烈的感情。对于美和善，他必须有强烈的感受。否则，他——及其专业知识——更像是一条受过良好训练的狗，而不像一个和谐发展的人。为与同伴和集体达成适当的关系，他必须学习理解人们的动机、幻梦与痛苦。

这些宝贵的东西是通过教师的言传身教，而不是（或至少主要不是）通过课本传授给年轻一代的。文化基本上就是这样构成和保存下来的。当我把"人文学科"当作重要的东西推荐给大家时，我心里想到的就是这个，而不仅仅是历史和哲学领域中那些枯燥的专业知识。

过分强调竞争制度，以及基于实用过早地专业化，会扼杀包括专业知识在内的一切文化生活所依赖的那种精神。

对于有价值的教育，让年轻人发展独立的批判性思考也极为重要。数量众多、种类繁杂的科目（学分制）使青年人负担过重，这大大危及了上述批判性思考的发展。负担过重必然导致肤浅。要让学生觉得教育内容是一件宝贵的礼物，而不是一项艰苦的任务。

教育和教育者

你的稿件我读了大约 16 页，掩卷后不禁莞尔。从内容上看，你聪慧机智、观察敏锐、为人坦诚，有一定的独立思考能力，但也有典型的女人气。所谓女人气，我指的是不够自主，且夹杂着个人的不满。以前读书时，老师也是这样对我的，他们不喜欢我的特立独行，需要助手时总是对我视而不见（我得承认，我做学生时不如你规矩）。不过在我看来，我当年的学生生活实在不值得付诸笔墨，更没有责任让别人印出来或实际读到它。而且，一些人以自己的方式拼死拼活争取他们的地位，我们也没有什么好抱怨的。

因此，建议你别再闹情绪，把稿件留给孩子吧，他们或许还能从中得到安慰。还有就是，千万别在乎老师对他们说了什么或者认为他们怎么样。

顺便说一句，我来普林斯顿只是做研究工作，而不是教书。总的说来，教育是太多了，尤其是在美国学校。唯一合理的教育方法就是亲自做出好榜样——如果没有办法，就做一个以儆效尤的榜样。

致日本学童

日本的孩子们，今天向你们致以问候，这不无理由。我曾访问过你们美丽的国家，那里的城市、房屋、群山和树林，还有你们对美丽祖国的热爱，让我记忆犹新。我桌上一直放着一本大厚书，其中满是日本小朋友的彩绘。

如果你们收到了我这份遥远的问候，请不要忘记，直到我们这个时代，不同国家的人才开始友好交往和相互理解。而过去，国与国之间了解极少，甚至彼此仇恨或恐惧。真希望国与国之间能够建立越来越深的兄弟般的理解。我怀着这样的愿望，问候并遥祝你们将来能大大超越我们。

教师和学生

亲爱的孩子们：

今天我很高兴见到你们，在这充满阳光的幸福国度，你们是幸福的青少年。

请记住，你们在学校里学到的那些美妙的东西无不凝结着世界各国一代又一代人的极大付出和辛勤努力。这些遗产传到你们手中，你们可以领受它，尊重它，丰富它，有朝一日再忠实地传给你们的后代。如此，我们这些终有一死之人就能在你我共同创造的不朽事物中得到永生。

铭记这一点，你们就会在生活和工作中发现意义，对于别的民族和时代也会持有正确的态度。

达沃斯的大学课程

元老院议员是好人，元老院却是野兽（*Senatores boni viri senatus autem bestia*）。我的一位瑞士教授朋友曾以这样的幽默方式给一个得罪他的大学学院写了上面这句话。良心和责任感对个人的引导相对容易，对集体的引导则要更加困难。这一事实给人类造成了莫大的不幸！战争和各种压迫皆源于此，使世界充满了伤痛、叹息与苦难。

然而，只有通过诸多人的无私合作，才能成就真正有价值的事业。因此，每当看到人们为了促进生活和文化，经过艰苦努力开创并建立了某种公共事业，那些有善良意愿的人就会欣喜非常。

获悉达沃斯拟开设的大学课程，我便心生这种单纯的喜悦。这里正以聪敏和智慧开展一项救助工作，这实在是一场及时雨，虽然这种需求并非每个人都能一目了然。许多青年人来到这个山谷，希望这里充足的阳光能使他们的身体恢复健康。但如果这样长时间脱离正常工作，失去磨练意志的机会，整日焦虑其身体状况，人就容易丧失精神的恢复力，或者说生存斗争过程中的健康感。他成了某种温室植物，即便身体得到恢复，也很难回到正常生活。正在学习的青年人尤其如此。在重要的成长期间中断精神训练，很容易留下今后难以弥合的缺口。

一般而言，适度的脑力活动非但不会妨碍治疗，还会像适度的体力活动一样间接促进健康。设置这些大学课程正是出于这种认识，不仅可以为这些青年人的谋职做准备，而且也会激励他们从事这种脑力活动。为此，相关课程不仅要虑及学生的工作与锻炼，也要关注他们的心灵健康。

别忘了，这项事业非常适于在不同国籍的个人之间建立联系，这些联系有助于加强欧洲共同体这一观念。在这方面，此新机构要是能从一开始就将一切政治意图排除在外，效果可能会更好。为国际主义事业服务，最好的方法就是在某种利生的工作中进行合作。

出于所有上述理由，我很高兴地看到，创建者凭借能力和智慧已经使达沃斯的大学课程获得了巨大成功，初创时期的艰难已然克服。祝愿贵校越办越好，为许多可贵之人提供丰富的心灵养料，并把很多人从贫乏的疗养院生活中解救出来。

在洛伦兹墓前的讲话

　　洛伦兹（H. A. Lorentz）是我们这个时代最伟大、最高尚的科学家，我代表德语学术界尤其是普鲁士科学院，但首先是作为学生和深挚的仰慕者站在他的墓前。他的天才思想照亮了从麦克斯韦的理论通向当代物理学成就的道路，并为今天的物理学贡献了重要的基石与方法。

　　洛伦兹的人生乃至其中每个细节都像一件精致优雅的艺术品。他一向乐善好施，充满正义，对人和事敏于洞察，因此在任何领域都能成为领导者。凡跟他做事的人都很愉快，因为大家都能感到，他从不控制，只求服务。他的工作和榜样将会激励一代代后人继续前行。

洛伦兹在国际合作事业中的工作

19 世纪以来，科学研究日益专业化。在此背景下，很少有某一门科学的顶尖学者同时还能在国际组织与国家政治方面为社会做出可贵的贡献。做出这些贡献不仅要有能力、眼光以及杰出成就所带来的名声，还要摆脱民族偏见，致力于人类的共同事业，这样的人在当今的时代已不多见。据我所知，只有洛伦兹能将所有这些品质完美地集于一身。其人格颇有一些魅力：独立和倔强是学者的共同天性，学者们不愿顺从他人的意志，对于他人的领导往往也只是勉强接受。然而在洛伦兹担任主席期间，他所营造的氛围总能让人愉快地合作，无论相关人员的目标和思维习惯有多么不同。之所以能够取得这种成功，不仅是因为洛伦兹对人和事敏于洞察，对语言有高超的驾驭能力，更重要的是大家都能感觉到，他全身心扑在事业上，一旦进入工作状态，就把其他一切抛诸脑后。能让倔强者消除敌意的莫过于此。

战争爆发前，洛伦兹的国际关系活动仅限于主持物理学家的一些会议，其中最著名的是索尔维会议，前两届于 1901 年和

1902 年在布鲁塞尔召开。接着，欧洲战争的爆发给所有心系人类关系改善的人当头一棒。无论在战争结束之前还是之后，洛伦兹都投身于国际和解工作，尤其致力于在学者和科学团体之间重新建立富有成果的合作。局外人很难想象这项工作有多么艰难。战争期间的积怨尚未消除，许多权势人物迫于形势压力又拒不和解。洛伦兹就像一位医生，在与执意不肯吃药的固执病人周旋。

不过，一旦认识到某条道路是正确的，洛伦兹就会勇往直前。战争刚刚结束，他便参与领导了研究院（Conseil de recherche）的工作。该组织由战胜国的学者所创立，同盟国的学者和学术机构则被拒之门外。洛伦兹此举得罪了同盟国学术界，但其目的在于对该机构施加影响，使之真正具有国际性。经过不懈努力，他与其他一些正直之人终于将那些排除他人的冒犯性条款从研究院的章程中成功剔除。然而，恢复学术团体之间正常而富有成果的合作，这一目标尚未实现，因为在近十年的时间里，几乎所有国际科学聚会都把同盟国学术界拒之门外，被触怒的同盟国学术界已然养成不与人来往的习惯。不过，凭借着为美好事业奋斗的一腔热情，洛伦兹巧妙地开展了工作，现在看来，坚冰很快就有望打破。

洛伦兹还以另一种方式为国际文化事业做出了贡献：他同意为"国际联盟知识合作委员会"（League of Nations' Committee of Intellectual Cooperation）效力。这一机构大约成立于五年前，当时的主席是柏格森，去年则由洛伦兹担任。在其下属机构巴黎研究所的鼎力支持下，该委员会在各个文化圈的知识活动和艺术活动领域担任中间人。于此，洛伦兹那智慧、谦逊而又富于同情心的人格也会把人们引上正确的道路，他那未曾明言但忠实履行的策略是："不求控制，但求服务。"

愿洛伦兹的榜样有助于那种精神的胜利！

创造者洛伦兹及其人格

世纪之交的时候，所有国家的理论物理学家都把洛伦兹看成他们的领导者，这是名至实归的。我们这个时代的物理学家大都没有充分意识到洛伦兹对理论物理学基本概念的塑造所起的决定作用。之所以出现如此怪事，是因为洛伦兹的基本观念已经在相当程度上成了他们自己观念的一部分，以致他们几乎意识不到这些观念是多么大胆以及在多大程度上简化了物理学的基础。

洛伦兹在开始其创造性科学工作时，麦克斯韦的电磁理论已经取得最终的胜利。但该理论的基本原理中蕴含着一种独特的复杂性，导致理论的本质特征无法清楚地显现。虽然场的概念的确已经取代了超距作用概念，但电场和磁场还没有被看成原初的东西，而是被看成处理为连续体的有重物质的状态。结果，电场被分解为电场强度矢量和电介质位移矢量。在最简单的情况下，这两种场通过介电常数联系在一起，但原则上被当作独立的东西来考虑和处理。对磁场的处理也是类似。与这种基本观念相一致，空虚空间被当作有重物质的一种特殊情况来处理，在这种情况下，场的强度和位移之间的关系显得尤为简单。特别是，根据这种解释，我们不能设想电场和磁场与被视为场的载体的物质的运动状态无关。

对麦克斯韦电动力学的这种当时流行的解释可见于赫兹（H. Hertz）对运动物体电动力学的研究。

然后是洛伦兹的营救行动。他以极大的一致性将其研究建立在如下假说之上：

电磁场的处所是空虚空间。其中只有**一个**电场矢量和**一个**磁场矢量。这种场是由原子式的电荷产生的，这种场又反过来将有质动力（ponderomotive forces）施加于电荷。电磁场与有重物质之间产生的关联乃是缘于一个事实，即基本电荷牢固地附着在原子式的物质粒子之上。对于这种物质粒子，牛顿运动定律是成立的。

洛伦兹在这个简化的基础上建立了一种完备的理论，解释了当时已知的所有电磁现象，包括运动物体的电动力学现象。经验科学中极少有这样一致、明晰和美妙的工作。在此基础上不作额外假定就不能完全解释的现象只有著名的迈克尔逊－莫雷实验。要不是把电磁场定位于空虚空间中，就不能设想这个实验会引出狭义相对论。事实上，关键步骤正是把电磁学归结为虚空中或（如当时所说的）以太中的麦克斯韦方程。

洛伦兹甚至还发现了后来以他的名字命名的"洛伦兹变

换",尽管没有认识到它的群特征。在他看来,空虚空间中的麦克斯韦方程只适用于一个特殊的坐标系,该坐标系因其静止状态而区别于其他一切坐标系。这种状况实在悖谬,因为这种理论对惯性系的限制似乎比经典力学还要强。从经验的观点看,这种状况似乎完全没有理由,它必定会引出狭义相对论。

感谢莱顿大学的友好协助,我得以经常同我难忘的挚友保尔·埃伦菲斯特(Paul Ehrenfest)在那里小聚。因此我常有机会聆听洛伦兹讲演,这些讲演是他退休以后定期为少数青年同事所作。从这个卓越的心灵中流淌出来的东西总是如艺术杰作一般清澈美妙,那种表述的平易流畅是我从任何人那里都未曾感受过的。

即使只把洛伦兹当成一个有崇高觉悟的人来认识,我们这些后来者对他的钦佩和尊敬也已经无可匹敌了。而当我想到洛伦兹时,所感觉到的还远不止于此。对我个人来说,他比我一生中遇到的任何人都更重要。

和对物理学和数学形式的驾驭一样,他对自己的驾驭也轻松自如。他完全没有常人的那些弱点,亦不因此而让人感到压抑。谁都承认他的卓越,但谁都不会因此而感到压力。他虽然对人和人类事务不抱幻想,但又对每个人和每件事都充满善意。他从不给人专横的印象,总是乐于服务和助人。他极其认真尽责,但又不过分看重任何东西。有一种微妙的幽默守护着他,这可以从他的眼睛和微笑中反映出来。与此相应,尽管他完全投身于科学认识，但他确信，我们的理解力永远不可能深深地洞见事物的本质。直到晚年，我才能充分理解这种半是怀疑半是谦卑的态度。

虽然我作了诚恳的努力，但我发现语言——至少是我的语言——无法恰当表达这篇短文的主题。因此，我想以让我印象特别深刻的洛伦兹的两句话作结：

"我幸而属于这样一个国家，它太小了，做不出什么大蠢事。"

在第一次世界大战期间，有人力图说服他相信，命运取决于强权和武力，对此他回答：

"可以设想，你是正确的。但我不想生活在这样的世界里。"

约瑟夫·波佩尔 – 林凯乌斯

波佩尔 – 林凯乌斯（Josef Popper-Lynkeus）不仅是一位才华横溢的工程师和作家，而且还是少数体现时代良知的杰出人物之一。他反复向我们灌输，社会要对每一个人的命运负责，而且还向我们表明，如何把对社会应尽的义务付诸实际。他不迷信社会或国家，他认为社会在有权要求个人做出牺牲之前，必须先给个人提供和谐发展的机会。

贺阿诺德·柏林内尔七十寿辰

借此机会，我想告诉我的朋友柏林内尔（Arnold Berliner）和这份期刊的读者，为什么我对他和他的工作评价这么高。之所以要在这里做这件事，是因为此时不讲便再无机会。平日里接受的客观性训练导致我们把任何有关个人的事情都视为禁忌，只有遇到像今天这样的罕见机会，我们这些凡人才能破一下例。

随便插了几句，现在让我们回到客观性！科学研究领域已经大为扩展，各门科学的理论知识也日益深奥。但人类理智的吸收能力还非常有限，因此个人的研究活动不可避免会局限于越来越小的人类知识范围。更糟糕的是，由于这种专业化，现在即使要对科学的概貌作一般的了解也越来越难了。而如果没有这种了解，真正的研究精神必定会受到损害。这种情况很像《圣经》中记载的巴别塔的故事所给出的象征。每一位严肃的科学工作者都痛苦地意识到，自己不情愿地被流放到一个日益狭窄的知识领域，本来拥有广阔视野的研究者有可能沦落为匠人的水平。

我们都曾深受其害，却并未努力减轻它。柏林内尔则不同，在德语世界他站了出来，以极可钦佩的方式作了补救。他知道，现有的通俗杂志足以教导和鼓励外行人，但他也意识到，科学家要想了解科学的问题、方法和成果的发展，以形成自己的判断，需要一份专门为他们提供信息的内容均衡的刊物。多年来，他以极大的才智和决心致力于此，为我们大家和科学奉献着，对此我们怎样感激都不为过。

他要争取那些卓有成就的科学家的合作，并且引导他们注意行文方式，以便非专业读者也能看得懂。他时常告诉我，为了实现这个目标，他可没少费工夫。他用下面这个谜语向我描述他的困难，问：什么是科学作家？答：是含羞草与豪猪的杂交种。柏林内尔之所以能够做出今天的成就，是因为他始终强烈渴望清晰全面地了解尽可能大的科学研究领域。在这种感情的驱使下，他写了一本物理教科书，这是他多年辛劳的成果。一位学医的学生曾跟我谈起这本书，他说："要是没有这本书而仅凭自己摸索，我真不知道如何才能弄清现代物理学的原理。"

很多人之所以能够了解科学的问题、方法和成果，与柏林内尔对清晰性和科学全面性的追求是分不开的。当今时代，如果没有他的刊物，科学生活简直无法想象。使知识活起来并保持其生气，其重要性并不亚于具体问题的解决。

向萧伯纳致敬

　　今天，看到同时代人的弱点和愚蠢，很少有人能够保持足够的独立性而不受其影响。就在这寥寥无几的人当中，遇到别人的顽固执拗仍能积极处理好事情者更是少之又少。只有极少数人才能以超绝的幽默和优雅吸引住同时代人，并通过不牵涉个人感情的艺术向他们真实地反映生活。今天，我要向最精通这种方法的大师致以诚挚的敬意，感谢他对我们的寓教于乐。

伯特兰·罗素和哲学思想

　　当编者要我就罗素写点东西时，出于对这位作者的钦佩和尊敬，我立刻答应下来。阅读罗素的著作伴我度过了无数愉快的时光，除了托斯丹·凡勃伦（Thorstein Veblen），我对当代任何其他科学作家都不会这样说。然而，我很快就发现，做出承诺要比履行它更容易。我已经答应谈谈作为哲学家和认识论者的罗素，在我满怀信心地开始这项工作之后，我很快就意识到，自己涉险进入的是一个多么难以处理的领域。由于缺乏经验，迄今为止我一直谨慎地仅限于物理学领域。他那门科学的当前困难迫使物理学家比以前更深入地探究哲学问题。虽然这里我不准备谈那些困难，但主要是出于对它们的关心，我才采取了本文中概述的立场。

　　数个世纪以来，在哲学思想的演进过程中，下面这个问题起了重要作用：纯粹思想不依靠感官知觉能够提供何种知识？是否存在着这样的知识？如果不存在，那么我们的知识与感觉印象所提供的材料之间究竟是什么关系？对于这些问题以及与之密切相关的一些问题，哲学上的见解几乎无限混乱。不过，在这个相对徒劳但却英勇的努力过程中可以看到一种系统的发展趋势，那就是：对于用纯粹思想去认识"客观世界"，认识那个与纯粹"概念和观念"世界相对立的"事物"世界的一切尝试，人们越来越心存疑虑。顺便说一句，就像真正的哲学家所做的那样，这里使用引号是为了引入一种不合法的概念。虽然在哲学警察看来这种概念是可疑的，但还是请读者暂时容忍一下。

在哲学的童年时代，人们普遍相信，只要通过反思就可以发现一切可知的东西。任何人只要暂时不去考虑他从后来的哲学和自然科学中所学到的东西，就不难理解这是一种幻想；他不会感到惊讶，柏拉图把更高的实在性归于"理念"，而不是归于可经验的东西。甚至在斯宾诺莎乃至后来的黑格尔那里，这种偏见仍然是一种有生气的力量，似乎起着重要作用。诚然，有人可能会提出这样一个问题：倘若没有类似于这种幻想的东西，哲学思想领域中是否可能取得真正伟大的成就？不过，我们不想问这个问题。

这种关于思维的无限洞察力的比较有贵族气质的幻想与素朴实在论的比较平民化的幻想相对应。按照这种素朴实在论的看法，事物"就是"我们经由感官所知觉的那个样子。这种幻想支配着人和动物的日常生活，它也是一切科学尤其是自然科学的出发点。

这两种幻想无法独立地克服。克服素朴实在论一直比较简单。罗素在其《意义与真理的探究》(*An Inquiry Into Meaning and Truth*) 的导言中非常简洁地刻画了这个过程。

> 我们都是从"素朴实在论"出发的，这一学说认为，事物就是它们看起来的那个样子。我们以为草是绿的，石头是硬的，雪是冷的。但物理学使我们确信，草的绿、石头的硬和雪的冷并不是我们在自身经验中知道的绿、硬和冷，而是某种非常不同的东西。如果物理学是可以相信的，那么当一位观察者自以为在观察一块石头时，他实际上是在观察石头对他本人的作用。于是，科学似乎在同自己作战：当它很想是客观的时候，却发现违背自己的意志而陷入了主观性。素朴实在论引出了物理学，而物理学如果是正确的，却表明素朴实在论是错误的。因此，如果素朴实在论是正确的，它就应该是错误的；因此它是错误的。(pp.14-15)

且不说这些表述如何精妙，它们说出了一些我以前从未想过的东西。因为从表面上看，贝克莱和休谟的思维方式似乎与自然科学的思维方式相对立。然而，刚才引用的罗素这段话却揭示了一种联系：如果贝克莱依赖于这样一个事实，即我们凭借感官并不能直接把握外在世界的"事物"，只有与"事物"的存在有因果联系的那些事件才能到达我们的感官，那么正是由于我们信任物理思维方式，这种考虑才获得了它的说服力。因为如果我们在最一般的特征上也对物理思维方式表示怀疑，那么就没有必要在客体与视觉行为之间插入任何东西把客体与主体分开，并且使"客体的存在性"成了问题。

然而，正是这种物理思维方式及其实际的成功动摇了那种以为通过纯粹思辨就能理解事物及其关系的信心。人们渐渐相信，关于事物的一切认识都完全是对感官所提供的原材料的一种加工。今天，以这种一般的（而且故意表述得含混些的）形式表达出来的这句话也许已被广泛接受。但这种信念并非基于一个假定，即有人已经实际证明了不可能通过纯粹思辨来认识实在，而是基于这样一个事实，即只有经验（上述意义上的经验）程序才能表明它有能力作为知识的来源。伽利略和休谟最早明确果断地支持这一原则。

休谟看到，我们必须认为必不可少的那些概念，比如因果联系，不能从感官给予我们的材料中获得。这种洞见使他对无论哪种知识都持怀疑态度。如果读过休谟的著作，你一定会感到惊讶，在他之后居然还有很多而且往往还是备受尊敬的哲学家写出这么多晦涩难解的东西，甚至还能找到为此而心怀感激的读者。休谟对他之后最出色的哲学家的发展产生了持久的影响。阅读罗素的哲学分析会让人感觉到休谟，罗素敏锐而简洁的表达方式常常让我想起他。

对于可靠的知识，人们怀有强烈的渴望。正因如此，休谟的明确主张才让人绝望：经由习惯，作为我们唯一知识来源的感觉材料也许会把我们引向信念和期望，但无法引向知识，更不要说引向对定律关系的理解。然后，康德带着这样一种观念登上了舞台，虽然他所给出的形式肯定是站不住脚的，但这种观念仍然标志着向解决休谟难题迈进了一步，这个难题是：凡起源于经验的知识都是不确定的（休谟）。因此，如果我们有确实可靠的知识，那它必定基于理性本身。例如，几何命题和因果原理就被认为是如此。可以说，诸如此类的知识都是思维工具的一部分，因此不需要事先从感觉材料中获得（也就是说，它们都是先验知识）。今天当然尽人皆知，上述概念并不包含康德赋予它们的那种确定性和内在必然性。不过在我看来，在康德对该问题的表述中，下面这一点还是正确的：我们在思考时有某种"权利"去使用概念，而从逻辑的观点看，却无法从感觉经验材料到达这些概念。

事实上，我确信甚至可以断言更多的东西：从逻辑上看，在我们的思维和语言表述中出现的概念都是思维的自由创造，它们不能从感觉经验中归纳得出。我们之所以不容易注意到这一点，仅仅是因为我们习惯于把某些概念和概念关系（命题）同某些感觉经验明确结合起来，以致没有意识到有一条逻辑上无法逾越的鸿沟将感觉经验的世界与概念和命题的世界分隔开来。

因此，例如整数序列显然就是人类心灵的一种发明、一种自创的工具，它简化了对某些感觉经验的整理。但我们无法使这个概念直接从感觉经验中产生出来。这里我之所以特意选择数的概念，是因为它属于前科学思维，但其构造性特征仍然清晰易辨。然而，我们越是转向日常生活的最原始的概念，就越难在大量根深蒂固的习惯中认识到，这个概念乃是思维的一种独立创造。于是就有了一种不幸的看法——所谓不幸，是针对理解这里的情况而言的——认为概念是通过"抽象"，即忽略它的一部分内容，而从经验中产生出来的。现在我想说明，为什么在我看来这种看法是如此不幸。

我们一旦熟悉了休谟的批判，就很容易相信，一切不能从感觉材料中导出的概念和命题，因其"形而上学"特征，都要从思维中清除。因为一切思维只有通过与感觉材料的关系才能得到物质内容。我认为后一命题是完全正确的，但以此命题为基础的思维规定却是错误的。因为只要一致地贯彻这种主张，就会把无论何种思维都当作"形而上学的"而绝对地排除掉。

为使思维不致退化为"形而上学"或空谈，只需概念体系中足够多的命题与感觉经验有足够牢固的关联，同时，鉴于需要对感觉经验加以整理和考察，概念体系应当表现得尽可能统一和节俭。但除此之外，这种"体系"（就逻辑而言）就是按照（在逻辑上）任意给定的游戏规则用符号进行的一种自由游戏。所有这一切既适用于日常生活中的思想，也以同样方式适用于科学中更加自觉和系统地构造出来的思想。

现在，我以下说法的意思就很清楚了：休谟以其清晰的批判不仅决定性地推进了哲学，而且也为哲学造成了一种危险

（尽管这并非他之过），因为紧跟着他的批判产生了一种不幸的"对形而上学的恐惧"，它已成为当代经验主义哲学推理的一种疾病；与这种疾病相对立的是早期虚无缥缈的哲学推理，认为可以忽视和摆脱感官给予的东西。

无论罗素在其新著《意义与真理的探究》中给出的敏锐分析多么令人钦佩，我仍然认为，即使在那里，这种形而上学恐惧的幽灵也造成了某种损害。比如在我看来，这种恐惧似乎导致人们把"事物"设想为"一束性质"，而"性质"必须从感觉材料中获得。既然如果两个事物所有性质都一致，就说它们是同一个事物，这就迫使我们把事物之间的几何关系也看成它们的性质。（否则就不得不把巴黎的埃菲尔铁塔和纽约的一幢摩天大楼 [如果建成一模一样的] 看成"同一个事物"了。）① 然而，如果把事物（物理学意义上的客体）当作一个独立的概念，连同固有的时空结构一起带入这个体系，我看不出这有什么"形而上学"的危险。

鉴于这些努力，我特别高兴地注意到，罗素在该书的最后一章终于认识到，没有"形而上学"毕竟是不行的。这里我反对的仅仅是，其字里行间流露出一种理智上的内疚。

---

① 试比较罗素的《意义与真理的探究》第119–120页讨论"专名"的一章。

记者

如果一个人说了些话，甚至只是开了个玩笑，便要求他公开做出解释，那么情绪过激一点，愤怒一阵子，即使造成了严重后果，也是情有可原的。但如果让一个人对别人以他名义所说的话也公开做出解释，而这人又碰巧不能自圆其说，那他的下场就惨了。你也许会问："谁会遇到这种倒霉事呢？"那些被记者们穷追不舍的公众人物便是。你也许会面露狐疑，一笑了之，但我自己就有许多亲身经历，不妨说给你听。

试想某天早晨，有位记者去找你，亲切友好地请你就某位朋友的情况谈谈看法。对于这样一项建议，起初你会心生不快，但不用多久你就会发现，自己已经别无选择。你若是缄口不言，记者就会这样写："据称某人是某某的挚友，我让他谈谈朋友的情况，而他却小心翼翼地拒绝了。单凭这一点，读者们就不难从中得出结论。"你看，你真的是无路可走，只好说："某某先生性格活泼，诚恳坦率，甚得朋友喜欢。无论遇到什么事情，他都能往好处去想。他进取心强，异常勤奋，对工作全力以赴。他深爱自己的家人，对妻子关怀备至……"

而经过记者的润色，这段话就成了这个样子："某某先生对一切事情都不在乎，总有办法讨人喜欢，特别是因为他精心练就了一套曲意逢迎、让人开心的本事。他完全是工作的奴隶，没有时间考虑工作以外的事情。他把老婆宠坏了，对她百依百顺，言听计从……"

现实生活中的记者更会添油加醋，但我想这已经足够你和你的朋友消受了。无论你的朋友平日里多么宽厚可爱，他要是在第二天一大早读到这类报道，不火冒三丈才怪。他所受到的伤害会使你痛苦不已，特别在你真正喜欢他的时候。

亲爱的朋友，遇到这样的问题，你会怎么做呢？如有什么良方，请不吝赐教，我一定欣然接受。

贺某批评家

用自己的眼睛去观察，在感觉和判断上不人云亦云，能用优雅的句子甚至巧妙的词汇来表达所见所感，这不是了不起又是什么呢？单凭这一点，我便要向您祝贺了。

我对美国的最初印象

　　我必须履行诺言，谈谈我对这个国家的印象。这对我来说并不容易，因为一个人若是像我这样在美国受到如此盛情难却的友好款待，将很难再采取一种不偏不倚的观察者的态度。首先我就来谈谈这个话题。

　　在我看来，个人崇拜总是不合理的。诚然，大自然并没有把她的馈赠平均分配给她的孩子们；但感谢上帝，很多人得到了优厚的馈赠，我深信他们大都过着宁静淡泊的生活。从这些人当中挑出几个加以无止境的赞颂，认为他们具有超人的思想和品质，我觉得这是不公平的甚至是品味低劣的。我的命运就是如此，大众对我的能力和成就的估计与实际情况的反差简直大得可笑。意识到这种奇特的状况是无法忍受的，幸好还有一点令人愉快的安慰：在这个通常被斥责为物欲主义的时代，居然会把那些将一生目标完全放在思想和道德领域的人看成英雄，这真是一个可喜的迹象。这表明大多数人都把知识和正义看得比财富和权力更高。我的经验告诉我，在被谴责为物欲横流的美国，这种理想主义看法尤其盛行。说完这些题外话，现在我来进入正题，希望读者对我这些朴素的评论不要过分看重。

使来访者首先感到惊异的是这个国家在技术和组织方面的优势。其日用品要比欧洲结实，房屋设计也实用得多，每一件东西都设计得尽量节省人力。劳动力价格昂贵，因为同这个国家的自然资源相比，居住的人口还很稀疏。在昂贵劳动力的激励下，技术装备和工作方法得到了惊人的发展。人口过盛的中国和印度显示了另一个极端，那里廉价的劳动力阻碍了机器的发展。欧洲则处于两个极端之间。机器一旦充分发展起来，最终会比最廉价的劳动力还要廉价。欧洲的法西斯分子应当注意这一点，他们出于狭隘的政治理由，希望自己的国家有更多的人口。而美国却忧心忡忡地通过抑制关税来抵御外国商品，这无疑同一般印象形成了奇特的对照。……但不能指望一个天真的来访者去过多地苦思冥想，每一个问题最终也未必都能做出合理的回答。

积极愉快的生活态度同样给来访者留下了深刻的印象。照片上人们浮现出来的笑容标志着美国人的一大优点。美国人友好、自信、乐观而没有嫉妒心。欧洲人觉得与美国人交往轻松而愉快。

与美国人相比，欧洲人更爱挑毛病，对他人的看法顾虑更多，不够热心，不太乐于助人，比较孤独，在娱乐和阅读方面更加挑剔，一般说来多多少少是个悲观主义者。

美国人很重视物质生活的舒适，为此不惜牺牲平静、闲适和安全。较之欧洲人，美国人更为自己的目标和未来而活着。对美国人来说，生活总是变动不居而不是一成不变的。在这个方面，美国人甚至比欧洲人更加远离俄国人和亚洲人。

但有一个方面，美国人比欧洲人更像亚洲人：从心理观点而不是从经济观点来看，欧洲人比美国人更为个人主义。美国人强调的是"我们"，而不是"我"。这自然会使风俗习惯变得强大，因此美国人的人生观、道德观和审美观要比欧洲人一致得多。这是美国经济强于欧洲的主要原因。无论在工厂、大学还是私人的慈善机构，合作和分工都比欧洲更容易顺利发展起来。这种社会态度也许部分来自于英国传统。

与此明显矛盾的是，与欧洲相比，美国国家的作用范围相对较小。在这里欧洲人会惊奇地发现，电报、电话、铁路和学校主要掌握在私人手中。这之所以可能，是因为我刚才提到的个人更强的社会态度。这种态度导致的另一个结果是，极度不均的财产分配并未导致无法忍受的苦难。这里富裕阶层的社会责任感要比在欧洲发达得多。他们认为，把自己的很大一部分财产甚至常常连同其劳动力交由社会去支配是理所当然的。强大的舆论也强令他这样做。因此，最重要的文化功能可以留给私人企业去实现，而政府在这个国家所起的作用相对来说就很有限了。

《禁酒法》无疑大大降低了政府的威信，因为通过一些无法执行的法律最能危及政府和法律的尊严。在这个国家，犯罪率的危险增加与之密切相关，这已是一个公开的秘密。

在我看来，禁酒还从另一个方面损害了政府的威信。酒馆本是一个能使人有机会就公共事务交换想法和意见的场所。据我所见，正是由于这个国家缺少这样一种机会，多由既得利益集团控制的报刊才对舆论产生了过分的影响。

在这个国家，对财富的过分重视要甚于欧洲，不过在我看来程度正在减弱。人们逐渐认识到，幸福如意的生活并不需要太多财富。

在艺术方面，现代建筑和日用品所显示出来的高品位使我深受触动；另一方面我也发现，与欧洲相比，造型艺术和音乐在美国人的内心之中不够有活力。

我非常钦佩美国科研机构所取得的成就。试图把美国科研工作持续增长的优势完全归功于更多的经费，那是不公平的；投入、耐心、伙伴情谊以及合作能力在这些成就中起着重要作用。

最后再谈一点。在今天世界上技术最先进的国家当中，美国是最强大的，它对国际关系的塑造所产生的影响绝对无法估量。美国是一个大国，但迄今为止，美国人对于重大的国际问题还没有表现出很大兴趣，而在这些问题当中，裁军问题首当其冲。即使只为美国自身的利益着想，这种情况也必须改变。上一次世界大战已经表明，各个大陆之间不再存有任何壁垒，今天所

有国家的命运都紧密交织在一起。因此，美国人必须意识到自
己在国际政治领域负有重大责任。袖手旁观者的角色与这个国
家是不相称的，到头来必定会导致世界性的灾难。

答美国妇女

我从未被女性如此强烈地拒绝过；即使发生过这样的事，也从未像这次这么多人。

这些心怀警惕的女市民们说得不是很对吗？谁会愿意给这样一个人敞开大门呢？他就像克里特岛的牛头怪吞食可口的希腊少女一样吞食冷酷无情的资本家，何况这个人还如此低贱，以至于除了与妻子发生不可避免的战争之外，还极力反对一切形式的战争。听从你们这些聪明的爱国妇女的建议吧，别忘了，强大的罗马城就曾被它那忠实的鹅的嘎嘎乱叫挽救了。

政治与和平主义

和平

从前的有识之士都知道维护世界和平的重要性。不过，我们这个时代的技术进步已经把这个伦理假定变成了今天文明人类的一个生死攸关的问题，积极参与解决和平问题成了每一个有道德责任感的人都不可推卸的义务。

必须清楚地认识到，那些参与武器制造的工业列强正在各国极力阻挠国际争端的和平解决；此外，只有赢得大多数民众的有力支持，统治者们才能实现这一重要目标。在我们这个民主政治的时代，人民的命运掌握在自己手中；每一个人都要永远牢记这一点。

消除战争威胁

在制造原子弹方面，我只参与了一件事：我签署了一封致罗斯福总统的信。我在信中强调，为了研究制造原子弹的可能性，有必要进行大规模的实验。

我很清楚，这种实验一旦成功，将对人类构成可怕的威胁。但我不得不迈出这一步，因为德国人也在研究同一问题，而且有可能取得成功。尽管我始终是一个虔诚的和平主义者，但我当时别无选择。我认为，在战争中杀人并不比通常的谋杀更好。

但只要各国没有下决心通过共同行动来消除战争，并且在法律基础上通过和平决议来解决冲突，保护自己的利益，它们就会认为必须为战争做准备。为了不在全面的军备竞赛中落后，它们觉得有必要准备好一切手段，甚至是最让人憎恶的手段。这条道路必定导向战争，而在今天，战争就意味着人类的同归于尽。

在这种情况下，与手段进行对抗是不可能成功的。只有彻底消除战争和战争威胁才能有所帮助。我们必须为此奋斗，并且下决心不做违反这个目标的活动。一个人如果知道自己对社会的依赖性，会觉得这项要求很严厉，但并非不可能做到。

我们这个时代最伟大的政治天才甘地已经指出了道路。他表明，一旦认清正确的道路，人们能够做出多大的牺牲。他为印度解放事业所做的贡献生动地证明，怀有坚定信念的意志要比看似不可战胜的物质力量更强大。

反战问题

女士们、先生们:

很高兴有机会能就反战问题谈谈自己的看法。近年来的发展再次表明,将反对军备和武力的斗争交给政府是多么失策。另一方面,虽然成立了一些有众多成员的大型机构,但仅凭这一点对于我们目标的实现帮助甚微。在这种情况下,我认为最好的办法是强行拒绝服兵役,并让有关机构在物质和道义方面给予各国反战勇士以支持。这样一来,我们便有可能使反战问题变得急迫,将它变成一场强硬的真正斗争。这场斗争并不合法,但却是一场反对政府、争取真正权力的斗争,正是政府迫使市民采取了这种不合法的行动。

许多自认为优秀的反战人士会基于爱国主义理由而不参与这样一种彻底的反战。在危急时刻,这些人是指望不上的,世界大战已经充分证明了这一点。

衷心感谢大家给我发表意见的机会。

对学生裁军集会的讲话

前几代人赠予我们一份极为宝贵的礼物，那就是高度发达的科学技术。我们的生活因此可能比以往任何一代都要自由和美好。但这份礼物也给我们的生存带来了前所未有的危险。

文明人类的命运比以往任何时候都更依赖于它所能产生的道德力量。因此，我们这个时代所面临的任务一点也不比前几代人完成的任务更轻松。

如今，生产食品等必需品所需的劳动时间比过去少得多。但劳动和产品的分配问题却比过去困难得多。我们所有人都感到，经济力量的自由运作，个人对财富和权力不加控制、不加约束的追求，不再能自动引出对这些问题较好的解决办法。必须将商品生产、劳动力使用和产品分配有计划地组织起来，宝贵的劳动力才能不被浪费，大部分人才不致变得贫困和野蛮。

如果说不加限制的"神圣的利己主义"（sacro egoismo）在经济生活中导致了悲惨的后果，那么用它来处理国际关系就愈加糟糕了。随着军事技术的发展，如果人们不能及时找到防止战争的办法，人类的生活将会变得无法忍受。与这个目标的重要性相比，迄今为止我们所作的努力还远远不够。

人们试图通过限制军备和对战争作限制性规定来减轻危险。但战争绝非社交游戏，参与者不会老老实实地遵守规则。生死攸关之际，规则和义务不起任何作用。只有无条件地抛弃战争，才能有所助益。仅靠创立一个国际仲裁法庭是不够的，还必须有条约协定来确保该法庭的裁决能得到所有国家的切实执行。倘若没有这种保证，各国绝不会有认真裁军的勇气。

比如，假定美国、英国、德国和法国政府以经济抵制相威胁，要求日本政府立即停止在中国的战争，你以为日本政府会藐视命令，从而把自己的国家拖入危险境地吗？那么，为什么没有这样做呢？为什么每个人和每个民族都要为了生存而担惊受怕呢？这是因为大家都在追求自己可怜的眼前利益，而不是首先致力于整个社会的幸福和繁荣。

因此我一开始就说，今天人类的命运比以往任何时候都更依赖于道德力量。要生活得快乐幸福，必须通过克己忘我和自我约束。

这种发展的力量从何而来呢？只能来自这样一些人，他们早年便有机会通过学习来坚强其心志、扩展其视野。我们这些上了年纪的人正看着你们，希望你们尽全力达到我们所没能达到的目标。

义务兵役制

与其允许德国也实行义务兵役制，不如让所有国家将其废止。今后只允许雇佣军存在，其规模和装备也应提交日内瓦大会讨论。对法国来说，这也比允许德国实行义务兵役制更有利，因为这样一来，军事教育对人们心理的致命影响以及对个人权利的剥夺便可避免。

既然两个国家业已同意以强制仲裁的方式来解决与双边关系有关的一切争端，将双方的雇佣军机构合并成一个由混合兵团组成的机构就要容易得多。对于双方来说，这意味着财政负担减轻并可以获得安全。这种合并过程可以逐渐扩大，最后形成一个"国际警察"组织，而随着国际安全的增加，该组织必定会逐渐失去影响。

你是否愿意与我们的朋友一起讨论这项建议？当然，我绝不会强求大家都同意它。我只是认为，我们确有必要提出一个积极主动的方案，单纯防御性的方案不大可能有任何实际效果。

致西格蒙德·弗洛伊德

尊敬的弗洛伊德先生：

您探求真理的热情胜过了其他一切渴望，真是令人钦佩。您以无可辩驳的清晰性表明，在人的心灵中，好斗和破坏的本能与爱和生的本能密不可分地结合在一起。但您那令人信服的阐述同时也表明，人们对于使身心从战争中解放出来这一伟大目标怀有一种深切的渴望。从耶稣到歌德和康德，一切超越自己的时代和国家而被尊为道德精神领袖的人，都表达过这种深切的希望。虽然这些塑造人类关系的愿望只在很小程度上得以实现，但他们却普遍被视为领袖，这难道不是意味深长的吗？

我确信，成就（即使是在较小的领域）过人的伟人们都在很大程度上认同这一理想。但他们对政治发展影响甚微。看起来，这个决定各国命运的领域几乎不可避免要落到那些毫无顾忌、不负责任的政治统治者手中。

政治领袖或政府的地位部分来自武力，部分来自民众选举。不能认为他们就是其各自国家里思想道德境界最高的人的代表。今天的知识精英对各国历史没有任何直接影响；他们缺乏凝聚力，因此无法直接参与当前问题的解决。如果由一些成绩斐然、卓有才干而又真诚正直的人自由联合起来，您是否觉得会改变这种局面呢？这是一个具有国际性质的团体，其成员需要通过经常交换意见以保持接触。通过将其态度亮明报端（在任何情况下，签名的成员都要负起责任来），这个团体就会对政治问题的解决产生重要而有益的道德影响。当然，这样的团体可能染上常常导致学术社团退化的各种弊病，这种危险与人性的缺陷密不可分。但即便如此，这种努力难道就不应冒险一试吗？我认为这种尝试恰恰是一种不可推卸的义务。

这样一个永久性的知识团体若能成立，定会努力动员宗教组织参加反战斗争。今天，许多人的善良意愿已经因为痛苦的听任顺从而不再发挥作用，对于这些人，该团体将会给予道义上的支持。最后我相信，由各个成绩斐然而备受尊敬的人所组成的这样一个团体，对于国际联盟中那些真正服务于该机构伟大目标的成员，也会给予宝贵的道义支持。

我之所以要把这些建议向您而不是世界上任何别的人提出，是因为您最不容易被自己的欲望所欺骗，也因为您的批判性判断带有一种非常严肃的责任感。

妇女和战争

依我之见，下次战争爆发时，应当把那些爱国妇女而不是男性送到前线。在这个无限混乱的令人绝望的领域，这至少是一件新鲜事——何不让女性们的大无畏情感得到更加诗情画意的挥洒，以免用来对付一位毫无防备的平民百姓？

致和平之友的三封信

一

　　据他人讲，出于对人类及其命运的关心，拥有伟大灵魂的您正默默地做着一件了不起的事情。亲眼观察和亲自用心感受的人为数不多，但正是这些人的力量决定了人类是否会重新陷入浑浑噩噩的状态，而今天许多受蛊惑的人似乎还把这种状态当作理想去追求。

　　有关国家也许不久就会看到，它们需要牺牲多少民族自决才能避免所有人对所有人的斗争！事实证明，良知与国际精神的力量极为脆弱。目前，这种力量已经弱到得忍气吞声与文明最邪恶的敌人进行谈判。有一种妥协其实是对人类的犯罪，虽然它被当作政治智慧。

　　我们不能对人类不抱希望，因为我们自己也是人。如今还有像您这样充满活力、诚实正直的人存在着，实在是一种安慰。

二

坦率地说，在一个和平时期还要征兵的国家，我认为提出这样的宣言是毫无价值的。你们的斗争必须以摆脱普遍兵役制为目标。毫无疑问，法兰西民族为1918年的胜利付出了沉重的代价！这场胜利在很大程度上导致法兰西民族受制于这种最可耻的奴役。

愿你们在这场斗争中不懈努力。德国反动派和军国主义者当中有一个强大的同盟。如果法国坚持普遍兵役制，就不可能阻止它将来向德国蔓延。因为德国人对平等权利的要求终将实现。到那时，法国每有一个军事奴隶，德国就有两个军事奴隶，这肯定对法国不利。

只有彻底消灭了义务兵役制，才有可能在年轻人当中培养和解精神、快乐的人生观和对众生的爱。

我相信，如果同时有50000人出于良心的动机而拒服兵役，那种力量将势不可挡。在这里，个人很难起什么作用，我们也不希望看到我们当中最优秀的人被那种背后蕴藏着愚昧、恐惧和贪婪这三大力量的机器所毁灭。

三

您在信中所讲的观点非常重要。军事工业确是人类面临的最大威胁之一。那种四处泛滥的民族主义背后所潜藏的正是这股邪恶势力。……

国有化固然可能有所获，但要界定哪些工业应当包括进来却极为困难。航空工业是否应该包括？金属工业、化学工业又该包括多少呢？

关于军火工业和战争物资的出口，多年以来国际联盟一直想控制这种可憎的贸易，但收效甚微，这是人所共知的。去年我曾问一位著名的美国外交家：为什么不通过贸易抵制迫使日本停止其武力政策呢？他的回答是："我们的商业利益太大了。"对于容忍这种说法的人，还能怎么办呢？

您以为我的一句话就能解决这方面的问题吗？纯属幻想！只要我不妨碍别人，别人便会奉承我。而一旦我所努力的目标让他们感到不舒服，他们就会立刻翻脸对我进行辱骂和诽谤，以维护自己的利益。对此，那些旁观者大都不敢抛头露面。您有没有测试过自己同胞的政治勇气？大家默认的座右铭是"闲事莫管，闲话莫说"。请放心，我会尽力按您的意思做好每一件事情，但您直接设想的那些结果是无法达成的。

积极的反战

　　能够见证弗莱芒人组织的盛大和平示威，真是幸运。请允许我以关心未来的好心人的名义向所有参与此事的人呼唤："值此反思和唤醒良知之际，我们感到与你们紧紧地联系在一起。"

　　毋庸讳言，不经过艰苦斗争，目前令人绝望的局势便不可能好转；因为真正下决心设法补救的人并不多，更多的人要么尚在观望，要么误入歧途。此外，有意维持战争机器运转的势力还很强大，为了让民意服从其杀戮目的，他们将无所不用其极。

　　看起来，今天在位的那些政治家似乎还真有谋求永久和平的目标。但军备的不断扩充已经非常清楚地表明，他们无力对付正在积极备战的敌对势力。在我看来，人民只能自己救自己。必须坚定支持全面裁军，才能不致沦为兵役制的奴隶。只要军队存在，任何严重一点的冲突都会导致战争。无论现在还是将来，不能积极对抗国家武装自己的和平主义都是软弱无力的。

　　但愿民众的良知和自然感受能被唤醒，使其生活再上一个新台阶。那时人们会意识到，战争不可理解地偏离了祖先的正道。

告别信

尊敬的杜富尔 – 福隆斯先生：

对于您的友好来信，我绝不能置之不理，否则您会认为我的态度有问题。我决定不再去日内瓦参会，仅仅是因为：我的经历不幸地教导我，该委员会没有体现出诚意要在改善国际关系方面取得实质性的进展。在我看来，这个机构更像是体现了"看起来仿佛在做事"（*ut aliquid fieri videatur*）的原则。在这方面，委员会的表现甚至比整个国际联盟还要逊色。

建立一个**高于国家**的国际仲裁调解机构，是我始终挂怀的一个目标，所以我才感到不得不离开委员会。

该委员会在各国设立的"国家委员会"成了各国知识分子与委员会沟通的唯一渠道，这等于认可了对各国的文化少数族裔的压迫。因此，就给予国家少数族裔以道义支持、反对文化压迫而言，委员会是有意失职。

在反对各国的沙文主义和教育军事化倾向方面，委员会的态度也是不冷不热。我们不指望它能在这个重要领域做出什么认真努力。

对那些坚定地致力于维护国际秩序和反对军事制度的组织和个人，委员会也未能给予道义上的支持。

在成员任命上，明知有人倒行逆施不履行相关义务，委员会也会允许其加入。

无需多言，从以上几点你们肯定已经看出我去意已决。发起控诉并非我的职责，我只是在解释我的立场。您若是觉得本人还有留下的希望，放心吧，那肯定是错觉。

裁军问题

裁军计划之所以得不到实现，最大障碍在于人们普遍不了解这个问题的主要困难。大多数目标的实现都是渐进式的，民主制对君主专制的取代便是如此。但这里所讲的目标却无法渐进地达到。

只要战争的可能性依然存在，各国便会尽一切可能做好军事准备，以期在下一场战争中取得胜利。只要认为需要用好战精神来为战争冲突做准备，就不可避免会以尚武传统来教育青年人，培育其狭隘的民族虚荣心，让他们以好战精神为荣。武装意味着肯定和准备战争，而不意味着和平。因此，裁军不能渐进式地进行；要么一步到位，要么一事无成。

裁军对人民生活影响深远，为实现这样一种深刻的变化，需要道德上的巨大努力，使人们有意抛弃那些根深蒂固的传统。当冲突发生时，谁要是无意于让其国家的命运无条件地服从于国际仲裁法庭的裁决，并以条约的形式将这一点毫无保留地规定下来，谁便没有真正下决心去避免战争。这是一个要么全有、要么全无的问题。

不可否认，迄今为止确保和平的努力都因为寻求不充分的妥协而失败了。

裁军和安全只有结合在一起才能实现。要保障安全，所有国家都必须承担起执行国际裁定的义务。

因此，我们正站在历史的岔路口。是寻求和平之路，还是继续走那条与文明完全不相称的残忍暴力之路，决定权就在我们手中。一方面，个人自由和社会安全在召唤我们；另一方面，对个人的奴役和对文明的毁灭在威胁着我们。今后的命运如何，全看我们如何取舍。

1932 年国际裁军会议

一

请允许我先以一则政治信仰开篇，那就是：国家为人而设，人非为国家而生。对于科学，也可说出同样的话。这样的古谚只可能出自那些将个性视为最高人类价值的人。若不是这些话有可能遭到彻底遗忘，特别是在我们这个讲求安排、墨守成规的时代，我是不愿重复它们的。我认为国家最重要的任务就是保护个人，使其有机会发展个人创造性。

也就是说，国家应该是我们的仆人，我们不应是国家的奴隶。一旦国家用暴力逼迫我们服兵役上战场，国家便违反了这一准则，何况这种奴性任务的目的和结果都是杀戮他国人民或干涉其自由发展。只有能够促进个人的自由发展，我们才会为国家做这种牺牲。这种看法对于每一个美国人来说也许是自明的，对于每一个欧洲人却并非如此。因此也许可以希望，反战斗争能在美国得到强有力的支持。

现在让我们来谈谈裁军会议。想到裁军会议，我们是该笑、该哭、还是该心存希望呢？假定有一座城市，里面住着一群性情暴躁、言不由衷、争吵不休的居民，那里人人自危，这种严重障碍使一切健康发展都变得不可能。市政府希望对这种糟糕的状况进行补救，而每一位政府顾问和其他市民都坚持继续随身携带刀具。经过数年准备，市政府终于决定妥协，但提出这样一个问题：人们出门时随身携带的刀具应该多长和多锋利？当然，只要那些机智的市民不通过立法、法庭和警察部门来反对使用刀具，就会一切如常。对允许携带刀具的长短、锋钝加以规定只会有利于最好勇斗狠的人，而使那些弱者任其欺凌。这则寓言的含义大家都能理解。不错，我们是有国际联盟和仲裁法庭，但前者不过是个开会的地方，后者则无法执行自己的裁定。倘若某个国家受到攻击，这些机构并不能为其提供安全保障。记住这一点，你对法国在没有安全保障的条件下拒绝裁军的立场便不会像现在通常的看法那样苛刻了。

除非让所有国家联合起来抵制那些公然或私下反对仲裁法庭决议的国家，以限制个别国家的主权，否则我们将永远无法摆脱普遍无政府的恐怖状态。任何策略都无法调和个别国家不受限制的主权与防止攻击的安全保障之间的矛盾。迫使各国履行被认可的国际法庭的每一项决议，是否会必然导致新的灾难呢？目前的事态发展让我们对不远的将来几乎不敢抱有什么奢望。但每一个心系文明和正义的人都必须尽力向自己的同胞说明,所有国家都需要履行这种国际义务。

对于这种观点,人们可以不无道理地反驳说,它高估了组织方面的因素,而忽视了心理尤其是道德方面的因素。人们断言,精神上的裁军必须先于物质上的裁军。他们进而正确地指出,国际秩序最大的障碍就是被过分渲染的民族主义,民族主义有一个好听但被误用的名字——爱国主义。在过去的一个半世纪里,这个受崇拜的偶像在世界各地获得了异乎寻常的极为有害的势力。要想正确看待这种反驳,我们必须意识到,组织上的因素与心理上的因素是相互决定的。不仅组织因素在产生和维系方面都依赖于传统的感情态度,现有的组织因素也会反过来对民众的感情态度产生强有力的影响。

可悲的是,当前各地民族主义情绪高涨,在我看来,这与义务兵役制(比较好听的名字是人民军队)的设立密不可分。一个国家若是要求其国民服兵役,就必定会培养他们的民族主义精神,从而为把他们用于战争打下心理基础。除了宗教,它还必须让年轻学子把它的暴力工具当作偶像来崇拜。

所以我确信,推行义务兵役制是白人道德衰退的首要原因。义务兵役制不仅威胁着我们文明的存续,还威胁到我们的生存。法国大革命不仅给社会带来了恩惠,而且也产生了这种祸害,后者很快就把所有其他国家一并拖了进去。

因此,凡是渴望培养国际主义精神、愿与大国沙文主义作斗争的人，必须坚决反对义务兵役制。与前几个世纪的宗教殉道者所遭受的迫害相比，那些怀着道德动机而反对服兵役的人受到的严重迫害难道不是更让人感到羞耻吗？我们怎能像《凯洛格公约》(Kellogg Pact)那样一面宣布战争非法，一面又把个人毫无掩护地置于各国战争机器的魔爪之下呢？

从裁军会议的观点看，如果我们不只限于组织和技术上的问题，而是也从教育动机的角度更直接地处理心理问题，我们就必须尝试沿国际道路为个人拒绝服兵役创造一种合法的可能性。这样一种规定无疑会产生强大的道德影响。

简而言之，我的立场是：仅仅用协议来限制军备保证不了安全。强制性的裁决必须拥有所有成员国所保证的执行力，对于破坏和平的国家可以动用经济或军事制裁。义务兵役制是滋生有害的民族主义的主要温床，必须坚决与之作斗争。特别是，反对服兵役的人必须在国际基础上得到保护。

二

如果组织的发展能够跟得上技术的步伐，那么上个世纪的发明天才留给我们的财富早已能使我们的生活变得幸福无忧了。然而，我们这一代人所掌握的这些辛苦所得就像三岁小孩手中的一把剃刀。奇妙的生产手段所带来的不是自由，而是忧虑和饥饿。

在为毁灭人类生命和辛苦获得的劳动果实提供手段方面，技术进步的成果最为有害。世界大战期间，我们这些上了年纪的人都有过不寒而栗的体验。不过在我看来，比这种毁灭更可怕的是战争将个人拖入了屈辱的奴役。在社会的强迫之下去做那些十恶不赦的事情，还有什么能比这更恶劣的呢？只有少数人拥有伟大的道德力量作出反抗。我认为他们才是世界大战的真正英雄。

不过还有一线希望。我认为，今天各国掌权的领袖们大都真诚希望废除战争。这个绝对必要的步骤的阻力来自于各个民族不幸的传统。通过教育系统的运作，这些传统像遗传病一样代代相传。不过，这些传统的主要承载者是军事训练及其美化，受重工业和军队控制的那部分报界也是同样重要的工具。没有裁军，就不可能有持久和平。反过来，以目前的规模继续发展军备则势必导致新的灾难。

这就是为什么 1932 年的裁军会议会决定这一代和下一代人命运的原因。考虑到迄今为止的会议总体上收效甚微，一切有识别力和责任心的人都应尽力向民众反复宣讲这次会议的极大重要性。只有当绝大多数民众都有和平意愿时，政治家们才能实现其伟大目标。而要形成这种公众舆论，每个人都应对自己的一言一行负起责任。

如果与会代表都是带着准备好的指令而来，那么围绕着这些指令的执行，会议马上就会变成实力的角逐，那样的话，会议的失败是注定了的。所有人似乎都已经认识到这一点。最近有关国家的政治家们频繁举行双边会面，就裁军会议进行磋商，试图为会议打下基础。我认为这种办法十分可取，因为如果没有第三方在场，两个人或两组人就能比较理性、诚恳和冷静地交换意见，否则讲话时必定会顾虑重重。只有以这种方式为会议做出充分准备，排除各种意外，并以诚恳友好的意愿营造出信任的气氛，大会才有望取得成功。

在这种重大事情上取得成功依靠的不是机灵或狡诈，而是诚恳和信任。我想说，谢天谢地，理智终究代替不了道德。

我们每个人不能只是等待和批评，而应尽其所能为这项事业服务。世界将会得到它应得的命运。

美国与 1932 年国际裁军会议

今天的美国人对国内的经济状况忧心忡忡，其负责任的领导人主要致力于解决本国严重的失业问题。美国与世界其他地方特别是欧洲发源地之间命运休戚与共的感觉还不如平日。

但自由经济本身并不能自动克服这些困难。为使劳动和消费品得到合理分配，还需要社会的调节措施；否则，即便是最富裕国家的人也难以为继。由于技术方法的改进，满足人们的需求不再需要那么多的工作量，因此，经济力量的自由运作不再能保证一切劳动力都能得到运用。为使技术进步惠及所有人，需要有意进行调节和组织。

如果说没有计划性的调节，经济就无法恢复秩序，那么对于国际政治问题来说，这种计划性的调节就更是不可或缺。今天已经很少有人会认为，战争形式的暴力活动有益于或值得用来解决国际问题。不过，对于积极采取措施来防止战争（它是蒙昧时代野蛮而无益的残留），我们坚持得还不够。我们需要作一些反思才能看清楚这一点，也需要勇气才能坚定而有效地服务于这个重要目标。

凡真心希望废除战争之人，须明确赞同他自己的国家为支持国际组织而放弃一部分主权；如果遇到冲突，他必须愿意让自己的国家服从国际法庭的仲裁。正如不幸的《凡尔赛条约》已经设想的那样，他还必须毫不妥协地支持所有国家裁军。军事教育和过激的爱国教育若不废除，进步便没有希望。

在过去几年里，当今世界的主要文明国家最为丢脸的事件莫过于迄今为止的所有裁军会议都以失败告终；这种失败不仅是因为那些野心勃勃的无良政客耍弄阴谋，各国民众的漠然和懈怠也难辞其咎。这种情况若不改变，前人所取得的宝贵成果将会毁于一旦。

我相信，美国民众并不完全清楚自己肩负的责任。难怪他们会这样想："欧洲若是被其民众的争吵和恶意所毁灭，就让它见鬼去吧！威尔逊总统所播撒的良种在欧洲的贫瘠土地上几近绝收。强大而安全的美国不要急于掺和外人的事务。"

这种想法显然是可鄙而短视的。对于欧洲的困难，美国难辞其咎：它不计后果地竭力推行自己的主张，从而加剧了欧洲经济和道德的滑坡；它促进了欧洲的分裂割据，因此对于政治道德的崩溃以及因绝望而产生的复仇精神，美国也负有连带责任。这种复仇精神将不会止步于美国国门，也不会说停就停。大家看看周围和未来吧。

简而言之，不仅对于我们，而且也对于你们，裁军会议是保存人类最宝贵文明成果的最后机会。你们最强大，相比来说也最健全，大家正注视和寄希望于你们。

仲裁法庭

只有基于一个独立于各国政府的永久性仲裁法庭对每一个国家做出安全保障，短时间内有计划的裁军才是可能的。

所有国家不仅应当无条件地服从该法庭所作的判决，而且还要无条件地予以执行。

欧非两洲、美洲和亚洲可各设一个仲裁法庭，澳洲归入这三个地区之一。对于这三个地区各自难以解决的某些问题，宜再设立一个联合仲裁法庭。

科学的国际性

正当民族主义和政治自负达到顶点时，埃米尔·费舍尔（Emil Fischer）在战时科学院的一次会议上说了这样一句掷地有声的话："没用的，先生们，科学不仅现在是而且永远是国际的。"对此，真正伟大的科学家不仅心知肚明，而且深有感触，即便在政治纷争的年代，他们被气量狭窄的同事所孤立时。战争期间，每一个阵营中都会有不少选民背叛自己神圣的职责。国际科学院协会已经解散。战后学术会议一直在举行，但把以前敌国的同事们拒之门外。政治方面的考量被一本正经地提出来，导致纯客观的标准无法起主导作用，而没有客观标准，伟大的目标就无法实现。

在情感上不为一时所诱惑的那些正直的人可以做些什么来弥补损失呢？既然大多数学人还如此冲动，真正国际性的大会就不可能召开。对于恢复国际科学工作者协会，大家的心理障碍还太大，少数心胸更为开阔的人尚不能把它克服。为了实现恢复国际协会这一伟大目标，这部分人其实大有用武之地，他们只需同全世界志同道合的人保持密切接触，并且在自己的领域坚定地支持国际事业。大获成功尚需时日，但无疑会有这么一天。我要借此机会向我们的各位英国同事致敬，在那些艰难的岁月里，他们始终保有维护知识共同体的强烈愿望。

无论在何处，个人的态度总比官方声明要好。正直的人们要记住这一点，不要被激怒或误导：元老院议员是好人，元老院却是野兽（*senatores boni viri senatus autem bestia*）。

如果说我对国际组织的进展充满信心，那么这种感觉与其说源于同事们的才智和高尚情操，不如说源于经济发展的迫切压力。既然经济发展在很大程度上依赖于科学家甚至是反动科学家的工作，所以就连他们也会有违意愿地帮助创建国际组织。

少数族裔

　　少数族裔，特别是当其成员能够通过身体特征来识别时，会被与之共同生活的多数族裔视为低人一等，这似乎是一个普遍的事实。但这种命运的悲剧不仅体现在这些少数族裔在社会和经济事务中会自动受到不公平的对待，而且在多数族裔的影响下，受这种对待的人大都会不知不觉地屈服于这种价值偏见，认为像他们这样的人就要低人一等。要想消除后者也就是更重要的恶，可以加强少数族裔之间的联系并且有意识地进行教育，这样他们的精神就能获得解放。

　　美国黑人沿这个方向所作的坚定努力理应得到大家的赞许和支持。

德国和法国

只有满足了法国免于军事进攻的安全诉求，法德之间才能建立充满信任的合作。但即使法国提出这种要求，德国也定然不会同意。

不过，下面这种做法也许行得通：德国政府自愿向法国提议，由两国共同向国际联盟提交提案，建议所有成员国履行以下义务：

一、服从国际仲裁法庭所作的各项决定；

二、与其他联盟成员一道，采取一切经济军事手段来对抗任何破坏和平或者拒不履行有利于世界和平的国际裁定的国家。

知识合作研究所

今年，欧洲的政治领袖们第一次推出这样一个逻辑结论：传统政治团体只有停止彼此之间的潜在斗争，我们的家园才能重获繁荣。必须加强欧洲的政治组织，并逐渐尝试取消关税壁垒。这一伟大目标不能只通过国家协定来实现，首先必须有思想上的准备。我们必须努力在人们心中逐渐唤醒一种团结一致的感受，这种感受至今仍可见于前线。正是怀着这种感受，国际联盟创建了知识合作委员会（*Commission de co-opération intellectuelle*）。该委员会应是一个与政治毫无瓜葛的纯粹国际性组织，其任务是结合一切精神生活领域，在因战争而流散各国的知识分子之间建立联系。这是一项艰巨的任务，因为必须遗憾地承认，至少在我比较熟悉的国家，学者和艺术家远比事务家更受制于狭隘的民族主义倾向。

迄今为止，知识合作委员会每年聚会两次。为使工作更有成效，法国政府决定创建和资助一个永久的知识合作研究所，该所近期将会开放。对于法国的这一慷慨之举，我们所有人都应心存感激。

人们聚在一起谈笑风生，互相恭维，令人遗憾或不赞同的事情一概不谈，这固然轻松而愉快，但唯有诚实才能把我们的任务推向前进。因此，在祝贺其新生的同时，我也要提一些批评。

据我平日观察，我们的委员会所面临的最大障碍是对它在政治上能否公正无私缺乏信心。今后，凡有助于增强这种信心的事情我们就做，凡可能削弱这种信心的事情就不做。

因此，法国政府动用国家基金在巴黎创建和资助一个研究所，把它当作知识合作委员会的永久机构，并由一个法国人出任所长，此时外界难免产生一种印象，以为在委员会中，法国人发挥着主要影响。加之目前委员会的主席也是法国人，这种印象就更加强烈了。虽然相关个人都享有极高的声誉，处处受人尊敬和爱戴，但上述印象始终存在着。

"我已经说完，我已经拯救了自己的灵魂。"（ *Dixi et salvavi animam meam.* ）衷心希望新成立的研究所通过与委员会的持续互动能够成功推进其共同目标，并赢得全世界知识分子的信心和认可。

文化与经济繁荣

　　若要估算政治灾难给人类文化的发展造成了多大破坏，就必须记住，较高形态的文化是一株灵敏的植物，其成长依赖于复杂的条件，故每次只在少数地方才能枝繁叶茂。而文化要想蓬勃发展，首先要达到一定程度的生活水平，这样才会有一部分人从事与生活所需并不直接相关的东西。此外还要有一种尊重文化价值和成果的道德传统，从而使直接提供生活必需品的其他阶层可以为这个阶层提供生存所需。

　　在过去一个世纪里，德国是同时具足上述两个条件的国家之一。总体而言，德国的经济虽然不是特别繁荣，但已能满足人们的日常需求；它也有着尊重文化的强大传统。在此基础上，德意志民族创造出了现代世界的发展所不能无视的文化成果。在当今德国，相关传统大体还在，但经济繁荣已然不在。该国工业所需的原材料几乎被掠夺一空，产业工人因此失去了生存之本。维持脑力劳动者生活所需的盈余也已不复存在。在这种生存条件下，尊重文化的传统也势必崩溃，一个繁茂的文化苗圃将变得荒芜。

只要人类还重视精神财富，就必须避免这种贫瘠。面对当前的危机，人们须尽可能地做出补救，并且重新唤醒那种被民族自我中心主义压制的更高的团结友爱精神，有了这种精神，人类价值才能有独立于政治和疆界的有效性。然后，它就能为每一个民族创造工作条件，在此基础上，文化不仅能够生存而且可以创造价值。

文化衰落的症状

就像在一切文化生活领域里那样，自由而不受阻碍地交流思想和科学结论是科学的健康发展所必需的。在我看来，这个国家的政治当局对个人之间自由交流知识的干预无疑已经导致了重大损害。这种损害首先可见于科学研究领域，一段时间之后亦将在技术和工业生产中显现出来。

禁止美国科学家和学者出国以及禁止外国科学家来访特别清楚地反映了政治力量对我国科学生活的干预。一个大国所做的这种小气行为只不过是一种更深层次疾病的外围症状罢了。

本应对科学成果进行自由的口头和书面交流，却对其横加干涉；普遍的政治不信任背后有一个庞大的警察机构的支撑；人人都心惊胆战、焦虑不安地竭力避免任何可能引起怀疑从而对其经济生存造成威胁的事情——所有这些都只不过是症状，尽管它们更清楚地揭示了这种疾病的危险性。

不过在我看来，真正的疾病在于世界大战所造就的那种已经完全控制了我们的态度，即认为我们必须在和平时期对我们的整个生活和工作加以组织，以便在战争发生时能够确保取胜。这种态度迫使人相信，强大的敌人不仅威胁着我们的自由，而且威胁着我们的生存。

这种态度解释了被我们称为"症状"的上述一切令人厌恶的事实。如不加以纠正，它势必会导致战争和大规模的破坏。这种态度突出地反映在美国的预算中。

只有克服了这种迷恋，我们才能合理地把注意力转到实际的政治问题上来：如何才能使人类在这个越来越小的地球上生活得更加安全和更可忍受？

若不能战胜这种正在影响我们的日久弥深的疾病，我们就无法摆脱诸如此类的许多症状。

对世界经济危机的看法

如果说有什么东西能让经济学领域的一个门外汉敢于对目前令人忧虑的经济困难的性质发表意见，那定是专家们的意见莫衷一是、混乱不堪。我讲的东西并不新鲜，只不过表达了一个独立而诚实的人的看法。我既无阶级偏见，亦无民族偏见，只是希望人类幸福，人的生存能够尽可能和谐。如果以下内容让读者觉得我好像言之凿凿，那只是为了表达的方便，而绝非出于无端的自信，或者自以为对一些实际上异常复杂问题的简单理解绝对无误。

在我看来，这次危机本质上不同于以往各次危机，因其所处的经济形势是全新的，而这正是生产方法突飞猛进的结果。今天，只需部分现有劳动力即可生产出生活所需的所有消费品。在一种完全自由的经济体制下，这必然会导致失业。

也就是说，出于一些我这里不打算分析的原因，在一种自由的经济体制下，大多数人不得不为仅供糊口的最低工资而工作。如果两家工厂生产同样的商品，那么在其他情况相同的情况下，雇用工人较少（也就是说，让单个工人的工作时间和强度达到了人的自然体质所能承受的极限）的工厂生产出的商品会更便宜。由此不可避免会导致，凭借现有的生产方式，仅仅需要现有劳动力的一部分。如果对一部分人作无理要求，那么其余的人就会被生产过程自动淘汰。由此导致商品销售和利润下降，企业走向破产，由此又会引发新的失业和对企业信心的不足，公众对居间的银行的参与也随之而减少。最后，银行会由于突然提取存款而无力偿还债务，经济也随之完全停滞。

关于这次危机的原因还有另一些说法，我们现在就来考察一下：

生产过剩：这里我们应当区分两种东西，即真正的生产过剩和表面的生产过剩。所谓真正的生产过剩，我指的是产品多得超出了需求。在当前的美国，汽车和小麦的生产也许就是这种情况，虽然有人对此将信将疑。所谓"生产过剩"，通常是指某种商品的产量超出了目前情况下所能卖出的量，尽管消费者对这些东西仍有需求。我把这种状况称为表面的生产过剩。在这种情况下，缺少的不是需求，而是消费者的购买力。这种表面的生产过剩只不过是危机的代名词，所以不能用来解释危机；因此，试图用生产过剩来解释当前的危机，不过是在玩文字游戏罢了。

赔款：支付赔款的义务沉重地压在债务国及其经济身上，遂迫使这些国家大肆倾销，结果也损害了债权国。这是无可争议的。然而危机却出现在有很高关税壁垒的美国，可见这不可能是世界危机的主要原因。因赔偿而导致的债务国黄金短缺最多只能说明应当停止这种支付，而不能用来解释世界危机。

许多新关税壁垒的设置；非生产性军备负担的加重；因战争的潜在威胁而导致的政治不安：所有这些都使欧洲的局势大大恶化，但对美国却没有实质性的影响。危机在美国的出现表明，这些不可能是危机的主要原因。

中苏两个大国的退出：这对世界贸易的打击在美国同样表现不明显，因此也不可能是危机的主要原因。

战后下层阶级的经济增长：这即使是事实，也只能导致商品短缺，而不是供应过剩。

我不再列举其他论点来讨扰读者了，在我看来，这些论点都没有触及问题的实质。我确信：技术进步就其本身而言虽然可以在很大程度上减轻人类生存所需的劳动负担，但却是目前这种苦难的主要原因。因此，一些人便一本正经地要禁止引入技术革新。这显然是荒谬的。但如何才能以较为合理的方式为我们的困境找到一条出路呢？

如果能设法阻止群众的购买力（以商品价值来衡量）下降到某一最小程度之下，那么像我们今天所经历的这种经济循环的停滞就不可能发生。

要做到这一点，逻辑上最简单但也是最冒险的方法是完全的计划经济，由社会来生产和分配消费品。今天苏联正在尝试的办法本质上就是如此。情况究竟如何，主要要看这种强迫的试验会带来什么结果。在这里做出预言会有傲慢放肆之嫌。在这种体制下，是否可能和在个人主动性享有更多自由的体制下一样经济地生产商品呢？如果我们这些"西方"人谁都不愿面对的那种延续至今的恐怖没有了，这种体制是否还能维持下去？这种僵化而集中的经济体制难道不会倾向于贸易保护和阻碍有益的创新吗？但我们必须注意，切不可让这些想法变成偏见，以致妨碍我们形成客观的判断。

我个人认为，只要能与着眼的目标相容，那些尊重传统和习惯的方法一般要更为可取。我还认为，从商品生产的角度来看，将生产的控制权突然转移到集体手中是不利的；应当给个人主动性留出作用余地，只要它还没有以卡特尔化的形式被经济本身消磨殆尽。

不过，这种自由经济应当受到两方面的限制：每一个生产部门都应通过法律规定来缩短每周工作时间，以便从体制上消除失业；同时应确定最低工资标准，以使工人的购买力与生产相应。

此外，在通过生产者组织而形成垄断的那些生产领域，价格应由国家控制，以使资本形成保持在合理限度，并且防止人为地抑制生产和消费。

这样一来，生产与消费之间的平衡或许能够建立起来，而不必对自由的主动性作太大限制，同时也可消除生产资料（土地、机器）拥有者对最广泛意义上挣工资的人的专横。

生产和购买力

我不相信解决当前困难的方法在于认识生产能力和消费，因为这种认识一般而言都来得太晚。而且在我看来，德国的麻烦并不在于生产设备过剩，而在于很大一部分人的购买力不足，这些人被理性化逐出了生产过程。

我以为，金本位制有一个严重的弊病，即黄金供应的短缺会自动导致信贷紧缩以及通货的减少，而价格和工资却不能足够迅速地调整到位。

依我之见，摆脱上述困境有如下天然药方：

1. 对各行各业划分等级，依照法令缩减工作时间以消除失业，固定最低工资以使群众的购买力适应商品的供给。

2. 控制流通货币总量和信贷规模，稳定物价水平，取消一切形式的特别保护。

3. 对因垄断或形成卡特尔而实际上没有参与自由竞争的某些商品实行法定限价。

生产和劳动

在我看来，根本的麻烦在于劳动力市场几乎无限自由以及生产方法的突飞猛进。要生产出今天的生活所需，早已不需要现有的全部劳动力。由此导致失业和工人之间不健康的竞争，两者都会降低购买力，从而使整个经济体系陷入瘫痪。

我知道，自由主义经济学家坚持认为，劳动力方面的任何节省都会被需求的增长所冲抵。但首先我并不相信这一点，即使它是真的，上述因素也总会导致大部分人的生活水准大大下降。

和你一样，我也认为必须采取措施使年轻人能够参与生产过程。此外，不应让上年纪的人从事某些工作（我称之为"不合格的"劳动），而应直接发给他们一定数量的养老金作为补偿，因为他们以前为社会所做的生产性劳动已经够多了。

我也支持取消大城市，但不赞成将特殊类型的人比如老人安置在特殊的城镇里。坦率地讲，这种想法让我觉得厌恶。

我也认为，必须避免货币价值波动，也就是用一种根据消费状况所选定的某些种类的商品作为标准来取代金本位制。如果我没有记错，凯恩斯（Keynes）早就提出过这样的建议。如果引入这种模式，只要人们相信国家会真正合理地利用这样一笔额外收入，那么根据目前货币的购买力，人们也许愿意忍受一定数量的"通货膨胀"。

在我看来，这份计划的弱点在于心理层面，或者说，你忽视了这一方面。资本主义不仅带来了生产的进步，而且也带来了知识的进步，这绝非偶然。遗憾的是，利己主义和竞争是比集体精神和责任感更强的力量。在俄国，据说得到一块像样的面包都很困难。……对于国家和其他形式的集体事业，我的看法也许过于悲观了，但我对此确实不抱希望。官僚制度会葬送一切成就。我见过和经历过的鉴戒太多了，即使比较起来堪称楷模的瑞士也是如此。

我倾向于认为，国家仅仅作为限制和调节的因素才对劳动过程真正有用。国家务必把劳动力之间的竞争保持在健康的限度内，确保所有孩子都能茁壮成长，还要确保收入足够高，以使产品能被消费掉。不过，如果有关措施由一些独立的专家本着客观的精神制定出来，那么国家是能够通过其调节功能来施加决定性影响的。

对欧洲当前局势的看法

在我看来，世界特别是欧洲目前的政治局势似乎有一个显著特征：无论在物质方面还是思想方面，政治的发展都落后于在较短时间内发生改变的经济需求；每一个国家的利益都必须服从于更大集体的利益。要一反数百年的传统来追求政治思想和感情的这种新观点，引发的斗争将非常激烈。不过，欧洲的生命力依赖于它的良好结局。我坚信，一旦克服了心理障碍，实际问题并不难解决。营造正确的氛围，最重要的是志同道合者要通力合作。但愿通过大家的努力，各国之间能够架起一座信任之桥！

国家的和平共处

（为罗斯福夫人组织的电视节目所作的讲话）

感谢罗斯福夫人，使我有机会表达我在这个重大政治问题上的信念。

军事技术发展到今天，通过国家军备来确保安全乃是一个幻想，它只会导致灾难性的后果。美国之所以抱有这种幻想，主要是因为它最先制造了原子弹。人们似乎普遍相信，美国最终可能取得决定性的军事优势。这样一来，任何潜在的敌人都会被震慑，我们所有人热切渴望的安全也就降临人间了。简而言之，近五年来我们一直信守的格言就是：不惜一切代价，以军事力量的优势来保证安全。

这种军事技术上的机械式心态已经导致了不可避免的后果。外交政策上的每一项行动都完全受制于这样一种考虑：我们应当怎样做才能在战争爆发时拥有对敌人的绝对优势？我们要在地球上一切可能的战略要地建立军事基地，武装我们潜在的盟国，加强它们的经济力量。在美国国内，巨大的财力正集中到军人手中；青年被编入伍；公民的忠诚，尤其是公务员的忠诚，正受到日益强大的警察机关的严密监视。具有独立政治思想的人遭到恐吓。无线电广播、报纸和学校潜移默化地影响着公众的思想。公共信息的范围因军事秘密而日益受到限制。

美苏之间的军备竞赛据说最初只是一种防御性的手段，如今已变得歇斯底里。在秘密之墙的背后，双方都在狂热地改进大规模破坏的手段。在公众看来，氢弹已是一种可能达到的目标。总统已经庄严宣布要加快发展它。如果成功，大气层的放射性污染以及地球上一切生命的灭绝都将在技术上成为可能。这种发展的恐怖之处在于它似乎已经无法遏制。这样一环扣一环地发展下去，整个人类灭绝的前景也随之被越来越清晰地昭示出来。

面对人类自己造就的这一绝境，我们是否还有出路？我们所有人，尤其是对美国和苏联的立场负有责任的那些人应当认识到：我们也许能够战胜外在的敌人，却无法消除战争导致的那种心态。如果每采取一项行动都要考虑未来可能发生的冲突，那么和平就不可能实现。因此，一切政治行动的指导思想应该是：我们如何来实现国与国之间的和平共处乃至真诚合作？首先要消除相互的恐惧和不信任。郑重宣布放弃使用武力（不仅是放弃大规模破坏的手段）无疑是必要的。但只有同时成立一个超国家的审判和执行机构，使它有权就直接关系到各国安全的问题做出裁定，这种放弃才可能有效。即使是各国宣布通力合作来实现这样一个"受限的世界政府"，也会大大减少迫在眉睫的战争危险。

归根结底,人类一切和平共处都首先基于相互信任,其次才基于法庭、警察等机构。这不仅适用于个人,而且也适用于国家。信任的基础是:取予都要忠诚合法。

那么,国际控制是否可行呢?作为一种治安手段,它或许有一定的用处,但我们最好不要高估它的重要性。想起禁酒时期,我们就会犹豫起来。

确保人类的未来

就像发明火柴一样，原子核链式反应的发现不一定会导致人类的毁灭，但我们必须竭力防止对它的滥用。技术发展到今天，只有一个执行力足够强大的超国家组织才能保护我们。只有认识到这一事实，我们才会乐于为确保人类的未来而做出必要的牺牲。对于这个目标的实现，自当人人有责。最大的危险莫过于每个人都袖手旁观，坐等别人行动。

任何有识之士都会高度赞赏我们这个世纪的科学成就，哪怕随便看一下科学的技术应用，也会有此感觉。但如果铭记科学的基本问题，我们对科学的新近成就就不会评价过高。就像坐在火车里一样，如果我们只看近处的东西，我们似乎就在急速地向前奔驰。但如果注视远处的山脉，景色似乎就变化很慢了。科学的基本问题正是如此。

在我看来，甚至连谈论"我们的生活方式"或俄国的生活方式也是不合理的。在这两种情况下，我们谈的都是一堆传统和习俗，而这些东西并不构成一个有机整体。提出这样的问题

118

倒更有意义：哪些制度和传统对人有害，哪些对人有利？哪些
让生活更加幸福，哪些让生活愈发痛苦？我们应当尽力采用看
起来最好的一种，无论目前认为它是否可以在我们这里实行。

现在谈谈教师工资问题。在一个健康社会里，任何有益的
活动都应得到相应的报酬，以使人能过上像样的生活。从事任
何有社会价值的活动，都可以使人的内心得到满足；但内心的
满足不能当作工资。教师不能用他内心的满足来让他的子女不
挨饿。

时代的继承者

前几代人可能会认为，思想和文明的进步不过是从祖先的劳动中继承下来的成果罢了，这些成果使他们的生活变得更为舒适和幸福。但我们这个时代的灾难表明，这是一种致命的幻觉。

我们看到，要想证明人类的这笔遗产所带来的是福而不是祸，还需要付出巨大的努力。在此之前，一个人一定程度上摆脱人格上的自我中心主义即可成为社会中有价值的一员，而在今天，他还必须避免在民族和阶级上以自我为中心。只有到达这样的高度，他才能为改善人类社会的命运贡献力量。

小国居民比大国居民更适合响应这一重要的时代要求，因为在政治和经济上，大国总会禁不住要去显示其残暴。过去几年，欧洲发展的唯一亮点是荷兰与比利时之间签署了协议。我们有理由希望，在努力让各国放弃无限制的自决权、从而摆脱有辱人格的军事主义枷锁的过程中，小国可以扮演领导角色。

与纳粹做斗争

声明

1933 年 3 月

只要还能有所选择，我就只想待在这样一个国家：它奉行政治自由和宽容，在法律面前所有公民一律平等。政治自由意味着人们可以用语言和文字自由表达其政治信念，宽容则意味着要尊重他人的任何信念。

德国目前尚不具备这些条件。在那里，对国际谅解事业贡献卓著的人正在受到迫害，其中不乏顶尖的艺术家。

人受到压力会精神失常，社会组织在困难时期也会患上精神疾病。国家通常能够挺过这些疾病。希望不久的将来，德国能够恢复健康；也希望将来时常有人纪念像康德和歌德那样的伟大人物，同时他们所教导的原则能在公共生活中得到普及与贯彻。

与普鲁士科学院的通信

（1933 年 4 月 1 日科学院的声明）

普鲁士科学院愤慨地从报纸上获悉，阿尔伯特·爱因斯坦参与了法国和美国的煽动活动。他需要立即对此做出解释。在此期间，爱因斯坦宣布退出科学院，理由是他不能在目前的统治之下为普鲁士邦效力。由于是瑞士公民，他似乎也有意放弃自己 1913 年成为科学院正式院士时附带取得的普鲁士公民权。

普鲁士科学院为爱因斯坦在外国的煽动活动感到痛心疾首，因为科学院及其成员始终认为自己与普鲁士邦是密切联系在一起的。他们虽然极力避免一切政治派别，但始终强调并永远忠于国家的思想。有鉴于此，它没有理由对爱因斯坦的退出感到惋惜。

恩斯特·海曼（Ernst Heymann）教授、博士

常务秘书

（爱因斯坦对普鲁士科学院的回复）

勒科克海畔，1933 年 4 月 5 日

据可靠消息，普鲁士科学院在一份官方声明中称，"爱因斯坦参与了美国和法国的恶意煽动"。

为此我声明，本人从未参与这种恶意煽动。同时还必须指出，我在任何地方都没有看见过这种煽动。人们一般只满足于复述和评论一下德国政府负责人的官方声明和命令以及用经济手段来消灭德国犹太人的计划。

我在报纸上声明，我打算辞去科学院的职位，并放弃普鲁士公民权，因为我不想生活在一个在法律面前不平等、言论和教学也没有自由的国家。

此外，我还把德国目前的状况描述成大众的一种精神病态，并就其原因作了评论。

我曾起草过一篇文章，可供"国际反排犹主义同盟"谋求支持之用，但完全无意诉诸报端。在文章中，我呼吁对危机四伏的文明理想仍然忠贞不渝的所有明达之士极力防止这种大众精神病进一步蔓延，它在当今德国已经显示出极为可怕的症状。

在发布针对我的那份声明以前，科学院要找到我的言论的正确文本并不困难。德国报纸转载时故意歪曲我的说法，对于今天那里受到钳制的舆论来说，这实属意料之中。

我愿为我发表过的每一个字负责。同样，我也希望科学院能够礼尚往来，把我这份声明告知它的各位院士和德国公众，因为我在他们面前遭到了污蔑，科学院本身也在这件事上插了一手。

（普鲁士科学院的两封回信）

一

柏林，1933 年 4 月 7 日

作为普鲁士科学院现任首席秘书，我谨奉告，您 3 月 28 日关于辞去科学院院士一职的通报已收悉。

科学院已在 1933 年 3 月 31 日的全体会议上对此作了通报。

科学院对事态的发展深表遗憾，因为一个具有极高科学威望的人在德国人中间工作了那么久，而且担任我们科学院的院士多年，照理说应当已经熟知德国人的性格和思维方式，出人意料的是，他竟然会在此时与国外一帮人搅在一起。部分是出于对实际情况和事件的无知，这帮人传播错误的观点和毫无根据的谣言，对我们德国人造成了很大伤害。对于一个在我院长期任职之人，无论他本人持何种政治立场，我们当然期望他能站在国家的捍卫者这一边，反对别人对它的肆意诽谤。曾几何时，那些诽谤中伤既卑鄙可耻又荒谬可笑，那时您哪怕为德国人民讲一句好话，在国外也会产生巨大反响，但您的证词却被敌人利用了，他们不仅是德国现政府的敌人，也是德国人民的敌人。这件事让我们感到痛苦和失望，即使没有收到您的辞呈，我们也不得不与您分道扬镳。

此致

冯·菲克尔（v. Ficker）

二

1933 年 4 月 11 日

这里科学院要指出，它于 1933 年 4 月 1 日所作的声明不仅是基于德国报纸的报导，而且主要是基于外国尤其是法国和比利时报纸的报导，而爱因斯坦先生对这些报导并未加以反驳；何况在此之前，科学院还得到了他那份向"反排犹主义同盟"发出的广为兜售的声明，他在其中悲叹德国已经退回到野蛮的远古时代。再者，科学院断定爱因斯坦先生——他自称从未参与恶意煽动——并没有抵制猜疑和诽谤，而在科学院看来，这正是长期担任科学院主要成员的他所应尽的义务。可爱因斯坦先生非但没有这样做，反而在国外发表了这样一些声明。这些声明出自一个有世界声望的人之口，必定会被敌人利用和误用，他们不仅是德国现政府的敌人，也是全体德国人民的敌人。

冯·菲克尔、恩斯特·海曼

普鲁士科学院常务秘书

（爱因斯坦的回复）

勒科克海畔（比利时），1933 年 4 月 12 日

你们 4 月 7 日的信我已收到，对于你们在信中表露的心情，我深感遗憾。

在事实方面，我只能回复如下：

关于我的行为，你们的说法其实只是用另一种形式重复了你们已经发表的那篇声明罢了，在那篇声明中，你们谴责我参与了反对德国人民的恶意煽动。在前一封信中我已讲明，这种谴责乃是一种污蔑。

你们还说，哪怕我能为"德国人民"讲一句"好话"，在国外也会产生巨大反响。对此我必须回应说：要我像你们期待的那样做那种见证，无异于完全否认我终生秉持的关于正义和自由的信念。这样的见证不会如你们所说是为德国人民讲好话，而只会有利于这样一些人，他们正企图破坏曾使德国人民在世界文明中赢得光荣席位的观念和原则。要在目前情况下做这样的见证，我就是在促进道德败坏和当今一切文化价值的毁灭，哪怕只是间接地。

有鉴于此，我感到不得不退出科学院，你们的信只是证明了我这样做是多么正确。

与巴伐利亚科学院的通信

（巴伐利亚科学院致爱因斯坦）

慕尼黑，1933 年 4 月 8 日

先生：

您在给普鲁士科学院的信中声称是德国目前的形势导致了您的辞职。几年以前，同为德国科学院的巴伐利亚科学院曾遴选您为通讯院士，它与普鲁士科学院以及其他德国科学院都有密切的联系，因此，您脱离普鲁士科学院势必会影响您与本院的关系。

所以我们必须询问您：经历了同普鲁士科学院之间的事情之后，您如何看待与本院的关系？

巴伐利亚科学院院长

（爱因斯坦的回复）

勒科克海畔，1933 年 4 月 21 日

我之所以从普鲁士科学院辞职，是因为在目前的形势下，我既不愿做一个德国公民，也不愿与普鲁士教育部保持某种依附关系。

这些理由本身并不会导致我与巴伐利亚科学院解除关系。但如果我希望从院士清单中除名，那是另有理由的：科学院的首要任务是促进和保护一个国家的科学生活。但据我所知，很大一部分德国学者、学生以及受过学术教育的专业人士在德国被剥夺了一切工作和谋生的机会，此时德国的学术团体却默不作声。我不愿属于任何一个这样行事的团体，即便它这样做是出于外界压力。

对一份邀请的回复

（以下信件回复的是参与反对德国反犹主义的法国宣言的邀请）

我从各个方面认真作了考虑，认为这是一个非常重要的提议，它与我心里最近牵挂的几件事情有关。我最后得出结论，我不能以个人名义参与这项极为重要的宣言，原因有二：

首先，我仍然是德国公民。其次，我是犹太人。关于第一点我须作些补充：我曾在德国机构工作，在德国始终被视为可靠的人。无论我对德国正在发生的可怕事件感到多么遗憾，对政府授意所犯下的可怕错误表示多么强烈的谴责，我都不应亲自参加一个由外国政府的官方人士发起的活动。为了充分理解这一点，请您设想一位法国公民遇到了类似情况，要同一些知名的德国政客联合起来抗议法国政府的行动。您即使承认这种抗议完全正当，大概也仍然会把自己同胞的做法看成一种背叛行为。假如左拉在德雷福斯案件发生时觉得有必要离开法国，他也肯定不会参与由德国官方人士发起的抗议活动，无论他对此可能多么赞成。他所能做的仅仅是为国人感到羞愧而已。

其次，如果反对不公正和暴力的抗议活动的参与者完全是出于人道情怀和对正义的爱，这种抗议就要有价值得多。这并不适用于像我这样一个视其他犹太人为兄弟的人。对他来说，对犹太人不公正就是对他自己不公正。他在自己的事情上不便裁判，而只能等局外人做出裁决。

这便是我的理由。我还想补充说，我一直赞赏和尊重那种高度的正义感，它乃是法国传统最值得称道的特征之一。

犹太人问题

犹太人的理想

为知识而追求知识，近乎狂热地热爱正义，追求个人的独立性——这些都是犹太人的传统特征，我因此为自己身为犹太人而备感幸运。

今天那些极力反对理性理想和个人自由，并试图依靠残忍的暴力建立愚昧无知的国家奴役制的人，当然会视我们为他们不共戴天的敌人。由此，历史赋予了我们艰巨的任务。但只要我们仍然忠诚地服务于真理、正义与自由，我们就不仅会作为最古老的民族之一继续存在下去，而且会像以前一样，用创造性的劳动成果服务于人类精神境界的提升。

是否有一种犹太世界观？

我认为并没有一种哲学意义上的犹太世界观。在我看来，犹太教几乎只涉及人生中以及对待生命的道德态度。我认为，犹太教与其说体现了在《摩西五经》中规定下来并为犹太教法典《塔木德》所阐释的那些戒律，不如说体现了活在犹太民族当中的生命态度。在我看来，《摩西五经》和《塔木德》只不过是犹太人的生命观在古代占支配地位的最重要的见证。

我认为，犹太生命观的本质在于对世间万物生命的肯定。若非能使一切众生的生命变得更美、更高贵，个人的生命便失去了意义。生命是神圣的，也就是说，生命的价值最高，其他价值皆等而下之。把个人以外的生命视为神圣，进而尊重一切有灵性的东西，这是犹太传统的一个特别典型的特征。

犹太教并非信仰。犹太教的神简直是对迷信的否定，是在想象中对消除迷信的替代。它也是在恐惧基础上建立道德戒律的一种尝试，一种不值得称道的可悲尝试。但我认为，犹太民族强大的道德传统已经在很大程度上摆脱了这种恐惧。同样，"为神服务"就等于"为生命服务"。最优秀的犹太人，尤其是耶稣和诸位先知，曾为此不懈奋斗过。

由此可见，犹太教绝不是一种先验的宗教；它只涉及我们正在过的、在一定程度上可以掌控的生活。因此我认为，按照"宗教"一词的通行含义，犹太教是否可以被称为一种"宗教"，这是有疑问的，特别是因为要求犹太人的不是"信仰"，而是超越个人意义上的神圣生命。

但犹太传统中也包含着别的一些东西，《诗篇》对此有不少美妙的描述，那就是对这个世界的美丽庄严感到一种陶醉的喜悦与惊叹，对于这个世界，人还只能获得一种模糊的感觉。真正的科学研究正是从这种感情中汲取了精神的力量，但它似乎也表现在鸟儿的歌声中。把这种感情与神的观念联系在一起，未免幼稚可笑。

以上所说是否就是犹太教的典型特征呢？抑或它还以别的名称存在于别处？就其纯粹形式而言，它不见于任何地方，甚至在犹太教中，也因为太拘泥于经文而遮蔽了纯粹的教义。但我仍然认为犹太教是它最生动和最纯粹的实现之一。这尤其适用于生命神圣这一基本原则。

颇具典型意义的是，为了确保安息日的神圣性，连动物也被明确包括进来，人们强烈感到要把一切生命都理想地团结起来。至于全人类的团结，那种要求就更强烈了；社会主义要求大都出自犹太人，这绝非偶然。

犹太人对生命神圣性的感觉有多么强烈,可以从拉特瑙(Walter Rathenau)同我谈话时说的一句话清楚地看出。他说:"一个犹太人如果说自己要去打猎取乐,那是说谎。"这再简单不过地表明了犹太人对生命神圣性的感觉。

基督教和犹太教

如果从诸位先知的犹太教和耶稣基督所教导的基督教中把后人尤其是教士所附加的东西统统清除，那么剩下的教义就能医治人类社会的一切弊病。

每一个有良好意愿的人都有义务在自己的小天地里作坚定的努力，尽其所能使这种关于纯粹人性的教导成为一种有生力量。如果他在这方面做过诚挚的努力而没有被其同时代人所排斥和否定，那他自己和他的社会便可谓幸运。

犹太共同体

（在伦敦的一次讲演）

我素来对生活冷眼旁观，要克服这种倾向并不容易。但我不能对 ORT 和 OZE[①] 等协会的呼吁充耳不闻，因为对它作出反应，就如同对我们深受压迫的犹太民族的呼吁做出反应。

我们散布各地的犹太共同体的处境无异于衡量政治世界道义的一种气压计。犹太民族是无自卫力量的少数族裔，其特殊性在于保存一种古老的文化传统，对于政治道德和正义感的状况来说，还有什么指标能比各个民族对该民族的态度更可靠呢？

在我们这个时代，该气压计的读数很低，对于这种命运，我们痛苦地感同身受。但正是这种低气压使我更加坚信，我们有义务来维持和巩固这个共同体。犹太民族传统中深藏着一种对于正义和理性的爱，它必定会服务于现在和将来各个民族的利益。在近代，斯宾诺莎和马克思都是从这个传统中产生的。

---

① 犹太人的慈善事业团体。——译者

140

若想维护精神，便也要注意精神所依附的身体。顾名思义，OZE 协会就是要保护我们人民的身体。在东欧，它不知疲倦地工作着，以在身体上帮助那里正经受着特别严重的经济萧条的人民；而 ORT 协会则致力于消除严重的社会经济困苦，自中世纪以来犹太人就生活在这种困苦中。在中世纪，一切与生产直接相关的行业都将我们排除在外，于是我们只能从事纯粹商业性的行业。要想真正帮助东方各国的犹太人，只有使他们有机会进入新的职业领域，为此，人们正在世界各地奋斗着。ORT 协会正在应对这个严重的问题，并且取得了成功。

现在我要向你们英国的犹太同胞呼吁，请大家参与这项由一些杰出人物开创的伟大事业。最近几年、甚至最近几天的情况使我们感到失望，对此你们必定也感受到了。不要埋怨命运，而要把这些事情看成对犹太人的共同事业矢志不渝的理由。我确信，我们这样做也会间接地服务于那些一般的人类目的，我们必须始终把这些目的看成最高的。

请记住，对于任何社会来说，困难和障碍都是力量和健康的宝贵源泉。如果我们的床是玫瑰花做的，我们作为一个共同体就不可能维系数千年；对此我确信无疑。

我们还得到了一个更好的慰藉。我们的朋友虽然并不很多，但其中一些人精神高尚且具有强烈的正义感，他们终生致力于人类社会的进步以及将个人从卑劣的压迫中解放出来。

今晚来了一些非犹太世界的人，使这个纪念晚会变得更加隆重，我们为此感到高兴并且备感荣幸。我欣喜地看到了萧伯纳（Bernard Shaw）和威尔斯（H.G. Wells），他们的人生观一直特别吸引我。

萧伯纳先生，您在探索那条曾使别人成为殉道者的道路时，赢得了全世界的爱戴和景仰。您不仅对人宣扬道德，也对很多人奉若神明的事情大加嘲讽。您所成就的只有天生的艺术家才能做到。您从魔术箱中取出无数个小人儿来，它们像人却又不是血肉之躯，而是由精神、智慧和优雅所组成。在某种程度上，它们比我们自己更像人。人们几乎忘记，它们不是大自然的创造，而是萧伯纳的创造。您让这些优雅的小人儿在一个狭小的世界里舞蹈，在这个世界面前有美惠三女神守卫，不让怨恨进入。凡窥视过这个小世界的人，都会以新的眼光来看待我们的现实世界；他看到您的小人儿一下子变成了真正的人，突然显示出完全不同的样貌。您这样把镜子放在我们所有人面前，使我们获得了解放，鲜有同时代人能够做到这一点，同时您也在一定程度上减轻了世俗的人生重负。为此，我们所有人都真诚地感谢您，同时感谢命运在给予我们病痛的同时，也给了我们灵魂的良医和解药。我个人也要感谢您对那个虚构的我的同名者所讲的令人难忘的话，那个迟钝笨拙、体态可怕的家伙使我的生活变得非常困难，尽管他并非怀有恶意。

我要告诉大家，我们民族的生存和命运主要取决于我们自己，而不是外界因素。我们必须坚守那种使我们历经风雨飘摇仍能生生不息数千载的道德传统。在服务人生中，牺牲成为美德。

反犹主义和求学青年

只要生活在犹太人区，我们的犹太人身份虽可能带来物质上的困境，有时还会导致身体上的危险，但却不会有社会和灵魂方面的问题。这种事态随解放而发生了改变，那些在精神领域谋职的犹太人尤其如此。

在中学和大学的犹太青年无不受到一个带有民族印记的社会的影响。对于这个社会，他们充满敬意，希望能从中得到精神的滋养，甚至觉得自己是其中一份子，但与此同时，这个社会却带着轻视和敌意视之为异己。主要不是被功利主义考虑所驱使，而是受到这种精神力量不可抗拒的影响，一些人背弃了自己的民族及其传统，自认为完全属于别的民族和传统。他们在自己和别人面前徒劳地掩盖一个事实，即人与人的关系绝非相互的。这种受过洗礼的可怜的犹太人就是这样产生的。在大多数情况下，他们变成现在这样并非源于性格缺陷和莽撞，而是——如前所述——在数量和影响上占支配地位的环境力量使然。他们当然知道，许多杰出的犹太青年为欧洲文明的繁荣做出过重要贡献，但这些人的所作所为与他们显然有着天壤之别。

　　和许多灵魂上的疾病一样，这里的治疗也需要对疾病的本质和原因有清楚的认识。我们必须明白自己是异类，并由此得出推论。试图通过演绎说服别人相信我们在灵魂和精神上有同等地位是没有意义的，因为其行为的根源并不在于大脑。我们必须自我解放，主要由自己来满足我们的社会需求。我们必须建立自己的学生社团，对非犹太人既要礼貌相待，又要保持距离。让我们按照自己的方式生活，切忌染上与我们的本性格格不入的饮酒、斗殴等恶习。一个人可以既是欧洲文化的承载者，又是某个国家的好公民，同时也是忠诚的犹太人。倘若我们能将它铭记于心并身体力行，反犹主义问题就其性质是社会的而言就得到了解决。

关于巴勒斯坦建设事业的讲话

一

十年前，我有幸就犹太复国主义思想的推进第一次向大家讲话，那时几乎所有人都把希望寄托于未来。今天，我们可以欣慰地回顾这十年的历程，因为在此期间，犹太人民团结一心，在巴勒斯坦的建设工作中取得了辉煌的成就。对于这一成就，我们当时是不敢奢望的。

我们也成功地经受住了过去几年发生的事情所带来的严峻考验。我们怀着崇高的理想，不懈地工作，正扎实地慢慢走向成功。英国政府最近发表的声明意味着对我们事业的评价回到了更加公正的立场，对此我们表示认可和感谢。

但我们绝不能忘记这次危机给我们带来的教训，那就是犹太人与阿拉伯人之间建立令人满意的合作不是英国的问题，而是我们的问题。我们，也就是犹太人和阿拉伯人，为了两个民族的共同需求，必须就恰当的方针达成一致。这个问题如能得到公正的解决，并惠及两个民族，其重要性和价值当不亚于推动巴勒斯坦建设本身。须知，瑞士之所以代表比其他民族国家更高的国家发展阶段，正因为它有一些更大的政治问题，要想在多民族的集体中建立起稳定的区域，必须首先解决这些问题。

要做的事情还有很多，但赫茨尔（Herzl）的一个希望已经实现：他在巴勒斯坦所做的事业帮助犹太人产生了一种意外的团结和乐观，这是任何一个群体健康存活所必需的。

我们为了共同的目标所做的事情不仅是为了我们在巴勒斯坦的兄弟们，也是为了整个犹太民族的健康和荣誉。

二

今天，我们聚在一起，为的是思考这个延续数千年的民族的命运和问题。我们这个民族有自己的道德传统，在困境面前总能显示出力量与活力。在各个时代，从这一传统中都能产生出一些人，他们代表着西方世界的良知，是人类尊严和正义的捍卫者。

只要我们心系这个民族，它就会继续为人类造福，尽管它尚未拥有自己独立的组织。几十年前，一些有识之士，尤其是令人难忘的赫茨尔，主张我们需要一个精神中心，以确保在困难时期也能团结一致。如此便产生了犹太复国主义思想，我们已经见证了它在巴勒斯坦成功地安家落户，至少看到了它大有前途的开端。

作为各个民族中的少数族裔，犹太民族不仅面临着外部困难，心理上也有内在危机。我欣慰地看到，这些工作对于犹太民族的安康贡献甚大。

过去几年里，巴勒斯坦建设工作中的危机沉重地压在我们肩上，至今也没有完全克服。不过，最近的报道表明，世界上尤其是英国政府已经愿意承认，我们为犹太复国主义目标而付出的努力极富价值。此时此刻，我们怀着感激之情回忆起我们的领袖魏茨曼（Weizmann），没有他的巨大投入和明智审慎，这项伟大事业就不可能取得成功。

我们经历的艰难困苦也并非没有好处。它再次向我们指明，将各国犹太人联系在一起的命运纽带是多么牢固。这场危机也使我们对巴勒斯坦问题的态度得以澄清，使之摆脱了民族主义思想的杂质。我们已经明确宣布，我们的目标不是建立一个政治共同体，而是按照犹太人的古老传统建立一个广义上的文化共同体。与此相关的是，应以开诚布公、彼此尊重的方式来解决与阿拉伯兄弟共处的问题。借此机会可以展示一下，我们在数千年的苦难中学到了什么。如果道路走得正确，我们就会取得成功，并为其他民族提供一个很好的榜样。

不论我们为巴勒斯坦做什么，都是为了整个犹太民族的安康和荣誉。

三

很高兴有机会对这个国家忠于犹太人共同目标的青年人讲几句话。不要因为我们在巴勒斯坦碰到的困难而泄气。这种经历正可证明我们犹太民族的生存意志。

批评英国当局的有关做法和声明是正当的。但我们绝不能满足于此，而应从中汲取教训。

必须高度重视与阿拉伯人的关系。保持好这种关系，今后便不致形成某种危险的张力，别人也就没有机会利用它来煽风点火。这一目标完全可以实现，因为我们的建设工作始终而且必须同时服务于阿拉伯人民的实际利益。

这样我们便能不再动辄陷入令犹太人和阿拉伯人不愉快的境地，以致要委托他人进行协调和仲裁。为此，我们不仅要机智应对，还要发扬传统，正是这一传统赋予了犹太共同体以意义和坚韧。犹太共同体现在不是、今后也不会是一个政治共同体，它完全基于一种道德传统；犹太人只有从这里才能源源不断获得新的力量，生存才能获得依据。

四

过去 2000 年以来，犹太人的共同财富只存在于它的过去。分散在世界各地的犹太人所共有的仅仅是精心呵护的传统。虽然个别犹太人创造了巨大的文化价值，但整个犹太民族似乎不再能做出像样的集体成就。

不过，现在的情况已经不同。历史赋予了我们一项伟大而崇高的任务，那就是齐心协力共建巴勒斯坦。一些优秀的中坚分子已经开始全力实现这一目标。现在，我们有机会建立一个文化中心，所有犹太人都应视之为己任。我们希望在巴勒斯坦建立一个本民族文化的家园，从而帮助唤醒近东人民对新的经济生活和精神生活的期待。

犹太复国主义运动领导者们为之奋斗的不是政治目标，而是社会和文化目标。巴勒斯坦人民应当着力实现我们先辈们在《圣经》中确立的社会理想，同时成为全世界犹太人的一个现代精神生活家园和精神重镇。与此相应，在耶路撒冷创建一所犹太大学当是犹太复国主义组织最重要的目标之一。

过去几个月里我一直在美国，帮助为这所大学募集物资，并且取得了应有的成功。美国的犹太医生勤奋工作，甘于奉献，我们为一个医学院成功地筹集到足够的资金，并立即开始了相关的准备工作。迄今取得的成果使我坚信，其他各院系所需的物资短时间内也能筹集完毕。医学院作为研究机构应当优先发展，这样便可以服务于国民健康的恢复，这对建设尤为重要。更大规模的教学工作日后再提上日程。由于一批有才干的研究者已经准备接受大学的聘任，医学院的建立看来已经没有什么悬念。我还想指出，这所大学有一批专项资金已经筹集起来，它完全不同于国家建设所需的一般资金。在这几个月里，由于魏茨曼教授及其他犹太复国主义运动领导人在美国不知疲倦的工作，特别是由于一些中间阶层作出了极大的自我牺牲，该项资金已筹集到相当数量。最后，尽管目前经济形势严峻，我还是要恳请在德国的犹太人尽己所能为在巴勒斯坦建设犹太人家园贡献力量。这不是什么慈善活动，而是一项关乎所有犹太人的伟业，它的成功将使所有犹太人得到一种高贵的满足。

五

对我们犹太人而言，巴勒斯坦建设绝不是慈善或殖民的事情，而是一个对于犹太民族至关重要的问题。巴勒斯坦首先并非东部犹太人的避难所，而是体现了整个犹太民族重新觉醒的团结友爱精神。这种团结友爱精神的觉醒与加强，难道不是正当其时和不可或缺吗？对于这个问题，无论是出于直觉还是出于理性的理由，我们都应毫不含糊地回答"是"。

让我们回顾一下德国犹太人在过去几百年里的发展。一个世纪以前，我们的先辈还几乎都生活在犹太人区。他们生活贫困，政治上没有权利，在宗教传统、生活形态和法律限制等方面都迥异于非犹太人。在精神发展方面，他们主要限于自己的文学，文艺复兴以来欧洲精神生活的巨大提升并没有对它产生多大影响。然而，这些谦卑恭顺的先辈在一个方面领先于我们：他们中每一个人都全身心地从属于一个集体，并且自认为是其完全合格的成员，该集体不要求他做任何与其自然思想方式相违的事情。那时我们的先辈虽然在精神和物质上极为匮乏，但在社会关系上却享有令人称羡的灵魂平等。

后来是犹太人的解放。它使个人突然之间有了出乎预料的发展可能性。一些人很快就在较高的经济社会阶层中谋得职位。他们贪婪地享用着西方艺术和科学所取得的辉煌成就，满腔热忱地参与到这种发展中来，亲自创造着持久的价值。同时，他们还接受了非犹太世界的外在生存形态，接受了非犹太人的习俗、形态和思维方式，与自己的宗教与社会传统渐行渐远。他们似乎正完全消泯于在政治和文化上更为发达的众多民族之中，几代人之后可能就留不下任何痕迹了。犹太人的民族特性在中欧和西欧似乎不可避免会完全丧失。

但实际情况并非如此。各个民族似乎天生就有种族性。无论犹太人多么努力在语言、习俗乃至宗教形式上融入欧洲人的生活，他们与欧洲主人之间的异己感始终无法消除。反犹主义最终可以追溯到这种自发的异己感，因此，不可能通过善意的宣传来根除反犹主义。各民族不愿混在一起，而希望各行其道。只有相互容忍和尊重，情况才能令人满意。

为此，犹太人首先应当重新认识到：自己是作为一个民族而存在的，要想繁荣兴旺，就必须重获自尊。必须重新学会以我们的祖先和历史为荣，作为一个民族重新担负起文化使命，以增强我们的集体感。仅仅作为个人来参与人类的文化发展是不够的，我们还必须担负起一些只有整个民族才能完成的任务。只有这样，犹太人才能在社会上重获尊严。

因此，希望大家关注犹太复国主义运动。今天，历史赋予我们共同参与本民族经济文化建设的重任。一些满怀热情、才华横溢的人已经做了准备工作，许多优秀的犹太同胞也已经准备全身心地致力于这项事业。希望他们都能充分认识到这项工作的重要性，并为之贡献自己的力量。

劳动的巴勒斯坦

在犹太复国主义的各种组织中，"劳动的巴勒斯坦"的工作能够直接利益那里最可尊重的阶层，即那些用双手把不毛之地变成生机勃勃的聚居地的人。这些劳动者坚强、自信而无私，是在自愿的基础上从整个犹太民族中挑选出来的精英。他们并非愚昧无知的苦力，要把自己的劳动成果卖给出价最高的人，而是受过教育、思想活跃的自由人。他们默默地同一块备受忽视的土地作着斗争，整个犹太民族都能直接或间接地从中获益。尽可能减轻他们严酷的命运，便是在拯救最可尊重的一类人的生命；身为第一批移民，要在尚不宜居住的土地上定居下来，斗争自然艰难而危险，免不了会有重大的个人牺牲。只有亲眼目睹的人才能判定这是多么真实。谁要能帮助他们改进装备，谁就在关键时刻促进了这项事业。

此外，只有这个劳动阶层才有能力同阿拉伯人建立起健康关系，这乃是犹太复国主义最重要的政治任务。管理部门变动不居，但在民族生活中起决定作用的还是人与人的关系。因此，

153

支持"劳动的巴勒斯坦"就是在巴勒斯坦推进一种人道而高尚的政策,就是在有效地抵制那些狭隘的民族主义暗流。如今,大到整个政治世界,小到巴勒斯坦政界,都在饱受这些民族主义暗流之害。

犹太人的复兴

（代表哈叶索特［Keren Hajessod］筹款组织所作的呼吁）

犹太人民族意识和荣誉的最大敌人是严重退化，也就是说，追求财富和享受导致犹太人失去了德性，犹太社会的松懈则导致犹太人在内心中依靠周遭的非犹太人。只有全身心地融入一个集体，一个人身上最好的东西才能发扬光大。因此，那些与自己人失去了联系而又被宿主视为异己的犹太人，在道德上就会很危险。从这种环境中极易产生一种可鄙而无趣的利己主义。

目前，对犹太人的外在压力尤其巨大。不过，正是这种困境有利于我们的健康。犹太民族生活的复兴已经开始，这是上一代人做梦都没有想到的。犹太人重新萌生出团结一致的感受，一些富有献身精神和远见卓识的领导人面对巨大困难而发起的复兴巴勒斯坦计划已经取得丰硕成果，我对其最终的胜利充满信心。对于世界各地的犹太人而言，这项事业有莫大的价值。巴勒斯坦将成为所有犹太人的文化中心、最受压迫者的避难所、犹太精英的试验田、使犹太人合为一体的理想所在，以及让世界各地犹太人保有心灵健康的处方。

致一个阿拉伯人的信

1930 年 3 月 15 日

读罢你的信，我非常高兴。它向我表明，阿拉伯世界对于用让我们两个民族都有尊严的方式来解决当前的困难存有善意。我认为，这些困难更多是心理上的，而不是事实上的，假如双方都能带着善意以诚相见，它们是能够解决的。

导致目前这种不利局面的原因是阿拉伯人和犹太人在统治权方面的相互对立。这对于两个民族都没有好处，只有找到一条双方都能认可的道路，才能改变这个局面。

下面我要谈谈如何改变目前这种困境，不过我得补充一句，这只是我个人的看法，此前不曾与任何人讨论过：

成立一个"枢密院"（Geheimer Rat），犹太人和阿拉伯人各派四位代表，他们须独立于任何政治派别。

各方的组成人员如下：

医生一名，由医师协会推选；

律师一名，由律师推选；

工人代表一名，由工会推选；

神职人员一名，由神职人员推选。

此八人每周碰面一次。他们保证不为自己职业或民族的利益代言，而会竭尽全力与良知为所有国民谋幸福。其商议内容要秘而不宣，严禁走漏风声，即使私下里也不行。

如果就某个议题达成了决议，并且双方各有至少三人同意，该决议便可公之于众，但只能以整个枢密院的名义公布。倘若某位成员不同意，他可以退出枢密院，但其保密义务并不因此免除。如果前面谈及的某个选举机构对枢密院的决议感到不满，它可以撤换自己在枢密院的代表。

这个"枢密院"虽然没有什么明确的职权范围，却能逐渐弥合分歧，共同代表国民的利益而行使委托统治权，从而超越于短命的政治。

犹太复国主义的必要性

（致赫尔帕赫［Hellpach］教授博士的信）

我读了您关于犹太复国主义和苏黎世大会的文章，身为犹太复国主义思想的忠实信徒，我觉得有必要做出回复，哪怕很简短。

犹太人是一个由血统和传统来维系的群体，宗教绝非唯一的纽带。其他人对待犹太人的态度已经表明了这一点。15 年前我来德国时才发现自己是犹太人，这一发现更多是缘于非犹太人而不是犹太人。

犹太人的悲剧在于，他们属于特定的发展类型，却没有一个共同体将其团结在一起。结果是个体缺乏稳固的基础，甚至导致道义上的动摇。我意识到，要使犹太民族恢复健康，只有用一个生气勃勃的团体将世界上所有犹太人都维系起来，他们愿意加入此社团，因此在与其他人打交道时能够忍受不得不承受的仇恨与屈辱。

看到可敬的犹太人遭到卑劣的漫画讽刺，我的心在流血。

我目睹过非犹太人占多数的学校、连环画报以及无数其他文化因素是如何破坏我们最优秀同胞的自信心的。我以为，绝不能允许这种情况继续下去。

于是我意识到，只有一项让全世界的犹太人都心向往之的共同事业才能使这个民族恢复健康。赫茨尔的一大功绩在于，他不仅认识到而且大声疾呼：考虑到目前犹太人的传统态度，建立一个民族家园，或者更准确地说，在巴勒斯坦建立一个中心，正是我们应当倾力为之奋斗的事业。

您把所有这些都称为民族主义，这并非毫无道理。但任何一种集体奋斗都可以被冠以这个丑陋的名号，而在这个充满敌意的世界上，没有了这种奋斗，我们犹太人便生也不成死也不成。无论如何，这种民族主义的目标并非权力，而是尊严和安康。倘若我们不必生活在缺乏宽容、狭隘暴力的人当中，我一定第一个赞成推翻所有形式的民族主义，以支持普遍人性。

例如，我们犹太人在德国不可能成为普通公民，我们因此想成为一个"国家"，如果有人反对，那一定是基于对这个国家本性的误解，而这种误解又源于国家大多数人的不宽容。只要这种不宽容还在，我们便不会安全，无论我们称自己为"民族"、"国家"还是其他什么。

为简洁起见，我将以上看法开诚布公地和盘托出；不过从您的作品中可以看出，您看重的是内容而非形式。

给利奥·拜克（Leo Baeck）的献词

我要向这个人表示敬意，他一生乐于助人、无所畏惧，从不肆意妄为、愤恨不平。伟大的道德领袖都有这种素质，他们使人类在其自作自受的苦难中得到慰藉。

企图智慧与权力兼得，鲜有成功者。即便能够成功，也是昙花一现。

人通常不愿认为别人很聪明——除非他是一个敌人。

很少有人能心平气和地表达与其社会环境的偏见有所不同的见解。大多数人甚至形不成这样的见解。

愚蠢之人大都不可战胜，并且总能稳操胜券。然而，他们残暴专横的恐怖因其缺少一致性而有所缓和。

要成为羊群中一个纯洁无瑕的成员，必须首先是一只羊。

能在一个人脑袋里永远和平共处的对立与矛盾，使得政治上的乐观主义者和悲观主义者的一切体系皆成虚妄。

谁要是自封为真理和知识领域的审判官，就会被诸神的笑声所覆灭。

观察和理解的乐趣，是大自然最美的礼物。

科学贡献

研究的原则

（在马克斯·普朗克［Max Planck］60 岁生日宴会上的讲话）

科学的神殿是一座多层楼阁。住在里面的人真是各种各样，引导其进入的动机也各不相同。有些人喜欢科学是因为他们出众的智力能够带来愉快的感受，科学是一项与之相称的活动，可以带来生动而强烈的体验，并使其雄心壮志得到满足。在这座神殿里，还有不少人把他们的智力成果供奉到这里仅仅是出于功利的目的。倘若上帝的一个天使跑来把所有这两类人赶出神殿，那里就有被清空的可能，但仍会有一些人留在神殿里，古人和今人都有。我们的普朗克就是其中之一，因此我们爱戴他。

我很清楚方才在想象中轻易驱逐了很多卓越的人，他们为建造这座科学神殿做出了很大贡献甚至是主要贡献；在许多情况下，我们的天使也会难以做出决定。但有一点我可以肯定：倘若神殿里只有被驱逐的那两类人，那么这座神殿就永远不可能建成，正如只有蔓草就长不成森林。对于这些人来说，其实从事任何人类活动都行；他们最终成为工程师、官员、商人还是科学家完全取决于外在环境。

现在我们再来看看那些受天使宠爱的人。他们大都有些古怪、孤独和沉默寡言，但尽管有这些共同特征，他们彼此之间却不像被赶走的那群人那样类似。是什么东西把他们引到这座神殿中来的呢？回答这个问题并不容易，而且肯定不能一言以蔽之。首先，我同意叔本华所说的，把人引向艺术和科学的最强烈的动机之一是逃离日常生活中令人痛苦的粗俗和令人绝望的空虚，摆脱一个人不断变化的欲望的束缚。它会驱使多愁善感的人逃离个人生活，进入客观现象和理解的世界；这种动机就好似城市里的人不由自主地渴望逃离其喧闹拥挤的环境，来到幽静的高山上，在那里透过清澄纯净的空气举目远眺，沉醉于那似乎为永恒而创造的宁静景致。

不过，除了这种消极的动机，还有一种积极的动机。人们总想以某种适合自己的方式建立一幅简化的、可理解的世界图像，并试图用这幅图像在一定程度上代替经验世界，从而克服经验世界。这就是画家、诗人、思辨哲学家和自然科学家按自己的方式去做的事情。每个人都把这幅图像及其构造当作其感情生活的中心，以找到他在狭窄而混乱的个人经验领域所无法找到的宁静和安定。

在所有这些可能的世界图像中，理论物理学家的世界图像占据着什么位置呢？它要求用最高程度的严密和精确来描述各种关系，而这只有用数学语言才能达到。但为此，物理学家必须严格限制自己的主题：他必须满足于描述我们经验所能给出的最简单的事件；企图以理论物理学家所要求的那种精密性和逻辑性把一切更为复杂的事件重构出来，则超出了人类理智的能力。要想得到高度的纯粹性、清晰性和确定性，就要牺牲完备性。但如果畏缩而胆怯地把一切较为微妙和复杂的东西都撇开不管，那么什么东西能吸引我们去认识自然界的这个渺小部分呢？这种屈从后的努力结果配得上"世界图像"这个高贵的名字吗？

我认为是配得上的，因为理论物理学的思想大厦所基于的普遍定律声称对任何自然现象都有效。有了它们，就可能通过纯粹的思想演绎对包括生命过程在内的一切自然过程进行描述，也就是得出关于这些过程的理论，只要这种演绎过程没有超出人类理智能力太多。因此，放弃物理世界图像的完备性倒不是什么原则性的问题。

因此，物理学家的最高任务是寻求那些最普遍的基本定律，通过纯粹的演绎由它们得到世界图像。导向这些定律并无逻辑途径可循，而只有通过那种建立在经验同感基础上的直觉。由于这种方法论上的不确定性，人们可能以为这样便会有任意多个同样合理的理论物理学体系；从原则上讲，这种看法无疑也是正确的。但物理学的发展已经表明，在任何时候，在所有可能设想的构造中，总有一个远远优于所有其他构造。凡是真正深入研究过这个问题的人，都不会否认实际上是现象世界唯一决定了理论体系，尽管现象与理论原理之间并无逻辑桥梁。这就是被莱布尼茨愉快地称为"前定和谐"的东西。物理学家们指责一些研究认识论的人对此不够重视。在我看来，几年前马赫和普朗克之间的论战，其根源就在这里。

渴望看到这种前定和谐乃是无穷的毅力和耐心的源泉。我们看到，普朗克正是怀着这种渴望而致力于这门科学中最一般的问题，而不是让自己分心于那些更能取悦人和更容易达到的目标。我常常听说，同事们愿意把他的这种态度归因于非凡的意志力和磨练，我认为这是完全错误的。促使人去从事这种工作的情感状态类似于宗教信徒或谈恋爱的人；他们每天的努力并非源自事先的意图或计划，而是源自一种直接的需求。

我们敬爱的普朗克就坐在这里，内心在笑我像孩子一样提着第欧根尼的灯笼闹着玩。我们对他的爱戴无需作俗套乏味的说明。祝愿对科学的爱能继续照亮他的道路，引领他去解决今天最重要的物理学问题。他本人提出了这个问题，并已作了极大推进。祝愿他把量子论同电动力学和力学成功地统一成一个逻辑上一致的体系。

理论物理学的原理

(在普鲁士科学院的就职讲话)

尊敬的同事们:

首先,衷心感谢你们的善举,这是像我这样的人所能得到的最大恩惠。你们把我选进你们的科学院,使我能够不必为职业而发愁和操心,全身心地致力于科学研究。即使我的劳动成果在你们看来少得可怜,也请你们相信我的感激之情和勤勉努力。

接下来,请允许我就我的研究领域即理论物理学与实验物理学的关系作些一般评论。最近,一位数学家朋友半开玩笑地对我说:"数学家能做些事情,但肯定做不到你当时想让他做的那些事情。"当实验物理学家向理论物理学家请教时,情况也往往如此。是什么导致了这种典型的适应能力缺乏呢?

理论家的方法包含着把普遍假设即所谓的原理用作基础,并且从中演绎出结论。于是,他的工作可以分成两个部分。首先他必须发现那些原理,然后由这些原理演绎出结论。对于完成其中第二项任务,他在学校里已经得到了很好的知识和技能。

因此，如果在某个领域或者对于一组相互联系的现象，他的第二项任务已经完成，那么只要他足够勤奋和聪明，就一定能够成功。但上述第一项任务，即确立可作为演绎之基础的原理，却与此完全不同。这里并没有什么可以学习并可系统运用的方法来达到目的。研究者必须在庞杂的经验事实中觉察到一些可以精确表述的普遍特征，从而获取自然界的那些普遍原理。

一旦成功作出这种表述，就可以得出一连串推论，它们往往会揭示出一些意想不到的关系，远远超出了这些原理所依据的事实领域。然而，只要作为演绎之基础的原理尚未找到，个别经验事实对理论家来说就几乎毫无用处；事实上，单靠一些从经验中确定的普遍定律，他什么也做不成。面对着经验研究的个别结果，他总是无能为力，直至找到了那些能作为演绎推理之基础的原理。

关于低温下的热辐射和分子运动定律，目前理论的情况正是这样。大约在 15 年前，人们还不会怀疑，把伽利略－牛顿力学应用于分子运动，并且根据麦克斯韦的电磁场理论，就可能正确地解释物体的电、光和热的性质。此时普朗克表明，为了建立同经验一致的热辐射定律，就必须使用一种计算方法，它与经典力学原理的不相容变得越来越明显。为了使用这种计算方法，普朗克将所谓的量子假说引入了物理学，自那以后，该假说得到了辉煌的证实。对于以足够小的速率和足够大的加速度运动着的足够小的物体，他以这种量子假说推翻了经典物理学，因此在今天，伽利略和牛顿所提出的运动定律只能被视为极限定律。理论家们尽管已经付出了艰苦的努力，但迄今为止仍然未能成功地用一些符合普朗克的热辐射定律或量子假说的原理来代替力学原理。虽然我们已经确定地表明，热要通过分子运动来解释，但我们今天必须承认，关于这种运动的基本定律我们所面临的情况，就像牛顿之前的天文学家关于行星运动所面临的情况。

我刚才提到了这样一组事实，还没有什么原理能对其作理论处理。但还可能有另外一种情况：由明确表述的原理所导出的一些结论完全或几乎完全处于我们目前经验所及的事实领域之外。在那种情况下，要想查明这些理论的原理是否符合实在，可能需要很多年的经验研究。在相对论中就有这样的情况。

对空间和时间这两个基本概念的分析已经向我们表明，由运动物体的光学所给出的真空中的光速不变原理绝不强迫我们接受静止的光以太理论。恰恰相反，有可能提出一种一般理论来解释这样一个事实：在地球上所做的实验永远觉察不到地球的平移运动。这便会用到相对性原理：当一个人从原先的（合理的）坐标系转移到一个相对于它作匀速平移运动的新坐标系时，自然定律并不改变其形式。该理论已从经验得到了相当多的证实，并且简化了对一组已经联系在一起的事实的理论描述。

但另一方面，从理论观点来看，该理论还不能完全令人满意，因为方才表述的相对性原理偏爱匀速运动。如果说从物理学的观点来看不能赋予匀速运动以绝对意义，那么就产生了一个问题：这种说法是否也应扩展到非匀速运动？事实表明，如果在这种扩展的意义上建立相对性原理，那么就会得到相对论的一种明确推广。由此引出了一种包括动力学的广义引力论。但我们暂时还缺乏事实材料来检验我们引入这样的基本原理是否正当。

我们已经知道，归纳物理学向演绎物理学提出问题，演绎物理学也向归纳物理学提出问题，回答这些问题需要我们全力以赴。愿我们团结一致，努力取得最终的胜利！

理论物理学的方法

　　如果你们想从理论物理学家那里了解他们所使用的方法，我建议你们坚持这样一条原则：不要听他们说什么，而要注意他们做什么。在这个领域的发现者看来，其想象力的产物是如此必然和自然，以致他会认为并且希望别人也认为，它们不是思想的创造，而是既定的实在。

　　这些话听起来像是让你们离开这个讲堂。因为你们会对自己说：这个人是一个从事实际工作的物理学家，因此应把关于理论科学结构的反思留给认识论者。

　　针对这种批评，我可以从个人观点为自己辩护，只要使你们确信，我不是自己要来的，而是应别人的友好邀请才登上了这个讲坛，设立它是为了纪念一个毕生追求知识统一性的人。但事实上，我所要做的事情之所以正当，是因为了解一个毕生致力于澄清和改进科学基础的人是如何思考他的科学的，也许会让人感兴趣。他对这门科学的过去和现在的看法也许太过于依赖他对未来的期待和他目前的追求，但这是任何一个深深地沉浸在观念世界中的人所不可避免的命运。他的情况就像历史学家，后者也以同样的方式——尽管可能是无意识地——围绕着他就人类社会所形成的理想把实际事件组织起来。

现在让我们浏览一下理论体系的发展，同时特别注意理论内容与经验事实的总和之间的关系。它涉及我们这个领域知识的两个不可分割的组分即经验与理性之间的永恒对立。

我们将古希腊誉为西方科学的摇篮。那里第一次创造了一个逻辑体系的思想奇迹，该体系的各个陈述以如此的精确性彼此产生出来，以至于它的每一个得到证明的命题都是绝对不容置疑的——我指的是欧几里得几何学。这件令人惊叹的理性作品为人类理智做出后来的成就赋予了自信。倘若这件作品未能激起你少年时代的热情，你就不是一个天生的理论研究者。

但科学要想成熟到能够包含全部实在，还需要另一种基本认识，这种认识直到开普勒和伽利略才成为哲学家的共同财富。单凭逻辑思维不能使我们获得任何关于经验世界的知识；一切关于实在的知识都是从经验出发，最后又归于经验。通过纯逻辑方法而得到的命题对于实在来说是完全空洞的。由于伽利略认识到了这一点，尤其是因为他向科学界反复灌输这一点，他才成为近代物理学之父，事实上也是整个近代科学之父。

然而，如果经验是我们关于实在的一切知识的起点和终点，那么理性在科学中的作用又是什么呢？

一个完整的理论物理学体系是由概念、应当对这些概念有效的基本定律以及通过逻辑演绎而导出的结论所组成的。这些结论应当符合我们单独的经验；在一部理论著作中，对它们的逻辑推导几乎要占全部篇幅。

欧几里得几何学中的情况正是如此，只不过那里的基本定律被称为公理，而且也不谈结论要同某种经验相符合。但如果认为欧几里得几何学研究的是实际的刚体彼此安放的可能性，也就是说把它理解为一门物理科学，而不是撇开它原初的经验内容，那么几何学与理论物理学在逻辑上的同一性就完整无缺了。

这样我们就为理性和经验指定了它们在一个理论物理学体系中的位置。理性给出了该体系的结构，而经验内容及其相互关系则应当在理论的结论中得到表达。整个体系，尤其是其基本概念和基本原理，其唯一的价值和理由就在于这样一种表达的可能性。此外，这些基本概念和基本原理都是人类理智的自由发明，既不能通过人类理智的本性、也不能以任何先验的方式来证明它们是正确的。

这些在逻辑上不能进一步还原的基本概念和基本原理构成了不可或缺的、理性所无法把握的理论部分。一切理论的崇高目标都在于让这些不可还原的基本要素尽可能简单，在数量上尽可能少，同时不致放弃对任何经验内容的恰当表达。

我刚才概述的关于理论基础具有纯虚构性的观点在18、19世纪绝不是占统治地位的观点。但它目前正不断取得优势：逻辑结构越简单，也就是支撑整个结构所需的逻辑上独立的概念要素越少，基本概念和基本原理与必须同我们的经验发生关系的那些结论在思维上的距离就越大。

而第一次创造出一个全面而合用的理论物理学体系的牛顿却相信，他的体系的基本概念和基本原理可以从经验中导出。他所说的"我不杜撰假说"（*hypotheses non fingo*）大概就要从这个意义上来解释。

事实上，时间和空间概念在那时似乎还未显示出问题。质量、惯性和力的概念以及把它们联系起来的定律似乎都直接来自经验。然而，一旦这个基础被接受，引力的表达式似乎就可以从经验中推导出来，对于别的力期望也能如此。

从牛顿的表述中我们能够看出，那个包含着绝对静止概念的绝对空间概念使他感到不安。他意识到，这个绝对静止概念在经验中似乎没有对应。对于引入超距作用力，他也感到不安。但他的学说在实践上取得的巨大成功很可能阻碍了他和18、19世纪的物理学家去认识其体系基础的虚构性。

毋宁说，那时的自然研究者大都认为，物理学的基本概念和基本原理并不是人类思想在逻辑意义上的自由发明，而是可以通过"抽象"——即通过逻辑方式——从经验中推导出来。事实上，直到广义相对论出现，这种看法的错误才被清楚地认识到。广义相对论表明，可以在一种完全不同于牛顿的基础上，以更令人满意和更加完备的方式来解释相关的经验事实。然而，撇开理论的优越性问题不谈，基本原理的虚构性是非常明显的，因为我们可以指出两条与经验大体符合但本质上不同的原理。由此可以证明,任何以逻辑的方式从基本经验中导出力学的基本概念和基本原理的尝试都注定要失败。

如果理论物理学的公理基础果真不能从经验中获得,而必须是自由发明,那么我们还能指望找到正确的道路吗?不仅如此:这条正确的道路是否不仅存在于我们的幻想中呢?如果有一些像经典力学那样的理论能在很大程度上恰当地处理经验,但没有从深层次把握事物,那么我们还能不能指望由经验来做我们可靠的向导呢?对此我会毫不犹豫地回答:在我看来的确存在着这样一条正确的道路,而且我们也有能力找到它。根据我们已有的经验,我们有理由相信,自然界是可以设想的最简单数学观念的实现。我确信,通过纯粹的数学构造,我们能够发现那些概念以及把它们联系起来的定律,它们为理解自然现象提供了钥匙。经验也许可以暗示可用的数学概念,但数学概念绝不可能从经验中推导出来。当然,经验始终是判断数学构造对于物理学是否可用的唯一标准。但真正的创造原理却在数学之中。因此在某种意义上我认为,像古代人所梦想的,纯粹思维能够把握实在,这是正确的。

为了证明这种信念是正当的,我不得不使用必要的数学概念。物理世界被表示为一个四维连续区。如果我假定该连续区中有一种黎曼度规,并且探求这种度规所能满足的最简单的定律,那么我就得到了空虚空间中相对论性的引力论。如果我假定该空间中有一个矢量场或者可以从中导出的反对称张量场，并且探求这种场所能满足的最简单的定律，那么我就得到了空虚空间中的麦克斯韦方程。

在这里，对于空间中电密度并未消失的那些部分，我们仍然缺少理论。德布罗意曾推测有一种波场存在，可以用来解释物质的某些量子性质。狄拉克发现旋量（Spinoren）是一种新的场量，其最简单的方程能使人在很大程度上推出电子的性质。现在，我与我的同事瓦尔特·迈尔（Walter Mayer）博士合作发现，这些旋量构成了一种在数学上与四维相联系的新的场的特例，我们称之为"半矢量"。这种半矢量可能服从的最简单方程为理解具有不同静止质量和相反等量电荷的两种基本粒子的存在提供了钥匙。除了通常的矢量，这些半矢量就是四维度规连续区中可能有的数学上最简单的场，它们似乎能够自然地描述带电粒子的某些根本性质。

对我们来说重要的是，所有这些构造以及把它们联系起来的定律都可以通过寻求数学上最简单的概念及其联系这一原则来得到。在数学上存在的简单的场的类型以及它们之间可能存在的简单方程，两者的数目都是有限的，这是理论家深入把握实在的希望。

同时，这种场论最大的困难在于理解物质和能量的原子结构。因为该理论就其基础而言是非原子的，因为它只使用空间的连续函数，这与经典力学相反，经典力学最重要的要素——质点——已经恰当地处理了物质的原子结构。

与德布罗意、薛定谔和狄拉克等人的名字联系在一起的使用连续函数的现代量子论已经通过一种由马克斯·玻恩最早清晰给出的大胆解释克服了这些困难：方程中出现的空间函数并不要求成为一种原子结构的数学模型。这些函数据说只决定了这种结构在进行测量的情况下处于特定地点或者特定运动状态下的数学几率。这种想法在逻辑上是无可非议的，而且已经取得了重要成果。但不幸的是，它迫使人们使用这样一种连续区，其维数并不是迄今为止物理学的空间维数（即四维），而是随着构成被考察体系的粒子数目而无限提升。我不得不承认，对于这种解释，我只能赋予一种暂时的意义。我仍然相信可能有一种实在模型，即这样一种理论，它描述的是事物本身，而不仅仅是它们出现的几率。

另一方面，我以为我们必须放弃粒子在理论模型中完全定域的想法。在我看来，这是海森伯不确定性原理的永久结果。但完全可以设想一种真正意义上的原子论（而不仅仅是基于一种解释），而没有粒子在数学模型中的定域。例如，为了解释电的原子特征，只需使场方程导出如下结论：边界上电密度处处为零的一个三维空间区域永远包含着总量为整数的总电荷。在连续区理论中，原子特征可以由积分定律令人满意地表示出来，而不必确定组成原子结构的那些东西的位置。

直到以这种方式把原子结构成功地表示出来，我才会认为量子之谜得到了解决。

几何学与经验

　　数学之所以比其他一切科学享有特殊的尊重，一个理由是：它的命题是绝对确定的和不容置疑的，而其他所有科学的命题在某种程度上都是有争论的，而且总有可能被新发现的事实推翻。不过，既然数学命题只涉及我们想象中的对象，而不涉及实在对象，其他科学领域的研究者也没有必要羡慕数学家。因为如果已就基本命题（公理）以及由此导出其他命题的方法达成一致，那么得出一致的逻辑结论是不足为奇的。但数学之所以有这么高声誉，还因为数学赋予了精确自然科学以某种程度的确定性，如果没有数学，这些科学是达不到这种确定性的。

　　这里有一个谜激起了古往今来研究者的兴趣。数学既然是一种不依赖于经验的人类思想的产物，它如何能够这样美妙地符合实在对象呢？那么，是不是不要经验只靠思想，人的理性就能彻底了解实际事物的性质呢？

　　依我之见，对这个问题的回答简要说来就是：只要数学命题涉及实在，它们就不是确定的；只要它们是确定的，就不涉及实在。在我看来，只有通过数学中所谓的"公理学"趋向，这种事态的完全清晰性才能成为共同财产。公理学取得的进步在于把"逻辑的－形式的"东西同它事实的或直观的内容清晰地分离开来；根据公理学的说法，数学的对象仅仅是逻辑的－形式的东西，而不是直观的或者别的同逻辑－形式有关的内容。

我们暂且从这个观点来考察几何学的任一公理，比如：通过空间中的两个点总有一条而且只有一条直线。这条公理在古老的和现代的意义上是如何得到解释的呢？

古老的解释：人人都知道什么是直线，什么是点。这种知识究竟来自人的一种心灵能力还是来自经验，来自这两者的共同作用还是来自其他来源，则无须由数学家来决定；他把这个问题留给了哲学家。上面那条公理以这种先于一切数学的知识为依据，它和其他一切公理一样是自明的，也就是说，它所表达的是这种先验知识的一部分。

现代的解释：几何学处理的对象由直线、点等一些词来称呼。这些对象并不预设任何知识或直观，而只以公理（比如上述那条公理）的有效性为前提，这些公理要在缺乏一切直观或经验内容的纯形式意义上来理解。这些公理是人类心灵的自由创造。其他一切几何学命题都是这些（从唯名论意义上来理解的）公理的逻辑推论。公理定义了几何学处理的对象。因此，石里克（Schlick）在他的一本认识论著作中非常恰当地把公理称为"隐定义"。

现代公理学所倡导的这种公理观清除了数学的一切外附要素，从而也驱散了以前笼罩着数学基础的神秘疑云。但这样一种被净化的阐释也清楚地表明，数学本身对于直观想象的对象或者实在对象不能做出任何断言。在公理几何学中，只能把"点"、"直线"等词理解成没有内容的概念框架。至于是什么东西赋予它们内容，则与数学无关。

但另一方面，一般的数学尤其是几何学之所以产生，肯定是为了了解实际物体的行为。"几何学"（Geometrie）一词的原义"土地测量"已经证明了这一点，因为土地测量涉及某些自然物（即土地的部分、量线、量杆等）彼此之间排列的可能性。仅有公理几何学的概念体系显然不能对这种现实对象（我们将称之为实际刚体）的行为做出任何断言。为了能够做出这种断言，几何学必须通过把实际的可经验对象同公理几何学的空概念框架协调起来，从而去掉其纯逻辑－形式特征。为了做到这一点，我们只需加上这样一个命题：刚体之间可能的排列关系就像三维欧几里得几何学中的形体一样；这样一来，欧几里得几何学的命题就包含了关于实际刚体行为的断言。

这样补充的几何学显然是一门自然科学；我们甚至可以把它看成最古老的物理学分支。它的断言实质上基于经验归纳，而不仅仅基于逻辑推理。我们将把这样补充的几何学称为"实际几何学"，并把它同"纯公理几何学"区分开来。宇宙的实际几何学究竟是不是欧几里得几何学，这个问题有着明确的意义，其答案只能由经验来提供。如果求助于光沿直线传播这条经验定律，即光在实际几何学的意义上沿直线传播，那么物理学中的一切长度测量就构成了这种意义上的实际几何学，测地学和天文学中的长度测量也是如此。

我赋予这种对几何学的理解以特殊的意义，因为没有它我就不可能提出相对论。也就是说没有它，以下考虑就不可能：在一个相对于惯性系转动的参照系中，由于洛伦兹收缩，刚体的排列定律不再符合欧几里得几何学的规则；于是，如果承认非惯性系也有同等地位，就必须放弃欧几里得几何学。如果没有以上解释，通往广义协变方程的决定性步骤就一定迈不出去。如果拒绝承认公理欧几里得几何学的形体与实在的实际刚体之间的关系，我们就很容易得出敏锐而深刻的思想家彭加勒所主张的观点：欧几里得几何学以其简单性而胜过所有其他可以设想的公理几何学。现在，由于仅凭公理几何学并不能对可经验的实在做出断言，而只有结合物理定律才能做到这一点，所以无论实在的本性如何，保留欧几里得几何学应当是可能的，而且也是合理的。因为一旦理论与经验之间出现矛盾，我们宁可改变物理定律，也不愿改变公理的欧几里得几何学。事实上，如果拒绝承认实际刚体与几何学之间的关系，我们就难以摆脱这样的约定，即应把欧几里得几何学当作最简单的几何学而予以保留。

彭加勒和其他研究者为何拒绝承认实际刚体与几何形体之

间很容易想到的等价性呢？那只是因为经过进一步考察发现，自然之中的实际固体并不是刚性的，因为它们的几何行为（即它们相对排列的各种可能性）依赖于温度、外力等等。于是，几何学与物理实在之间原初的直接关系似乎遭到了破坏，我们不得不倾向于以下更一般的观点，这也是彭加勒观点的典型特征：几何学（G）并不断言实际物体的行为，只有几何学加上全部物理定律（P）才能做到这一点。用符号来表示，我们可以说：只有（G）+（P）才能得到实验验证。于是，（G）可以任意选取，（P）的某些部分也可以任意选取；所有这些定律都是约定。为了避免矛盾，需要注意的是如何选取（P）的其余部分，使得（G）与全部（P）合起来能够符合经验。根据这种理解，公理几何学和已成约定的那部分自然定律在认识论上似乎是等价的。

我认为，从永恒的观点来看（*sub specie aeterni*），彭加勒是正确的。量杆的观念以及在相对论中与之协调的时钟的观念在现实世界中是找不到与之完全对应的东西的。同样明显的是，固体和时钟在物理学的概念大厦中所扮演的角色并不是不可还原的要素，而是复合结构，它们在理论物理学的结构中不能扮演任何独立角色。但我相信，在理论物理学目前的发展阶段，这些概念仍要作为独立概念来使用；因为我们还远远没有可靠地了解原子结构的理论原理，使我们能在理论上精确地构造出固体和时钟。

此外，有反对意见认为，自然界中没有真正的刚体，因此所讲的刚体性质根本不适用于物理实在——这种反对意见绝不像初看起来那样深刻。因为要想精确地确定测量物体的物理状态，使之相对于其他测量物体的行为足够清晰，以至于能用它来代替"刚"体，这并不是件困难的事情。而这种测量物体正是那些关于刚体的陈述所必须参照的。

整个实际几何学都基于一条为经验所能及的原理，我们现在就来回忆一下它。假设在一个实际刚体上标出两个记号，并把这样一对记号称为一个截段。我们设想有两个实际刚体，在每一个上面都标出一个截段。如果一个截段的两个记号能与另一个截段的两个记号永远重合，那么就说这两个截段是"彼此相等"的。我们现在假定：

如果两个截段在某时某地是相等的，那么不论在何时何地它们都永远相等。

不仅欧几里得的实际几何学，而且它最近的推广即黎曼的实际几何学以及广义相对论，也都以这一假定为基础。我想只讲一个实验根据来证明这一假定是正确的。光在空虚空间中的传播现象为每一个当地时间段都定出了一个截段，即相应的光程，反之亦然。与之相关的是，上述关于截段的假定在相对论中也必定适用于时钟的时间间隔。因此可以作如下表述：如果两个理想时钟在某一时刻和某一地点走得同样快慢（那时它们相互紧靠），那么无论何时何地，当它们再在同一地点进行比较时，它们都将走得同样快慢。如果这条定律对于自然时钟无效，那么同一种化学元素的各个原子的本征频率就不会像经验显示的那样完全一致。锐谱线的存在是对上述实际几何学原理的一个令人信服的实验证明。归根结底，这就是使我们能够有意义地谈论四维空－时连续区的黎曼度规的理由。

根据这里主张的观点，这个连续区的结构究竟是欧几里得的、黎曼的还是其他的，是一个必须由经验来回答的物理学本身的问题，而不是一个只根据方便来选择的约定问题。如果所考察的空－时区域越小，实际刚体的排列定律就越接近于欧几里得几何形体的定律，那么黎曼几何学就是适用的。

这里提出的对几何学的物理解释在直接应用于亚分子量级的空间时固然失败了，但即使在那些关于基本粒子构成的问题中，它仍然有部分意义。因为即使是对组成物质的带电基本粒子进行描述，仍然可以尝试赋予场的概念以物理意义，这些场的概念原本是人们为了描述比分子大的物体的几何行为而进行物理定义的。要求黎曼几何的基本概念在其物理定义的范围之外仍然有物理实在性，这种尝试是否正当只有靠成功与否来判断。也许结果会表明，这种外推并不比把温度概念外推到一个分子量级的物体部分上去更恰当。

把实际几何学的概念扩展到宇宙量级的空间上去似乎问题较少。有人可能会反对说，由固体杆组成的结构的空间范围越大，它距离刚性理想就越远。但这种反驳大概很难有什么根本意义。在我看来，宇宙在空间上是否有限这个问题在实际几何学的意义上是非常有意义的。我甚至认为天文学可能不用多久就能回答这个问题。让我们回想一下广义相对论在这方面的教导。它提供了两种可能性：

1. 宇宙在空间上是无限的。这只有当宇宙中集中在星体里的物质的平均空间密度等于零时才有可能，也就是说，只有让所考察的空间变得越来越大，使得星体的总质量与散布着星体的空间体积之比无限地趋近于零时，才有可能。

2. 宇宙在空间上是有限的。如果宇宙空间中有重物质的平均密度不等于零，那就必然如此。那个平均密度越小，宇宙的体积就越大。

我不能不提一下，我们可以用一个理论论证来支持宇宙的有限性假说。广义相对论教导说，某个物体近旁的有重物质越多，它的惯性就越大；因此，将一个物体总的惯性作用归结为它同宇宙中其他物体的相互作用似乎是很自然的，就像自牛顿以来，重力也已经完全归结为物体之间的相互作用一样。由广义相对论的方程可以推出，把惯性完全归结为质量之间的相互作用——如马赫所要求的——只有当宇宙在空间上有限时才有可能。

许多物理学家和天文学家对这种论证并不感兴趣。归根结底，只有经验才能决定这两种可能性中哪一种在自然界中得到了实现。经验如何能够提供答案呢？首先，人们可能以为可以从我们可以观察到的那部分宇宙来测定物质的平均密度。这种希望是不现实的。可见星体的分布是极不规则的，我们没有理由敢于认为宇宙中星体物质的平均密度等于比如说银河系中的平均密度。无论如何，不管所考察的空间有多大，我们总不能确信在这个空间之外就没有更多的星体了。因此，估计平均密度似乎是不可能的。

但还有另一条道路在我看来是更为可行的，尽管它也存在着很大的困难。如果我们探究广义相对论的那些为经验所能及的推论与牛顿理论的推论之间的偏差，那么我们首先会发现一个出现在引力物质近旁的偏差，这已在水星的例子中得到了证实。但如果宇宙在空间上是有限的，那么就会与牛顿理论有第二个偏差，用牛顿理论的语言来说可以这样表述：引力场就好像不仅由有重物质所产生，而且还由均匀分布于空间中的带负号的质量密度所产生。由于这个虚设的质量密度必定极小，所以只有在非常大的引力系统中才能觉察到它。

假定我们已知星体在银河系中的统计分布和质量，然后根据牛顿定律，我们可以计算出引力场，以及为了使银河系在其各个星体的相互吸引下不会坍塌而是保持其实际大小，这些星体所必须具有的平均速度。如果星体的实际平均速度——它们能被测量出来——小于计算出来的速度，我们就能证明：在远距离处的实际吸引力要小于根据牛顿定律计算出来的结果。由这样一个偏差就可以间接证明宇宙是有限的，甚至可以估计它的空间大小。

什么是相对论?

我很高兴应你们的同事之邀,为《泰晤士报》写点关于相对论的东西。在令人惋惜地中断了与国际学界以前活跃的来往之后,很高兴有这样一次机会来表达我对英国天文学家和物理学家的喜悦和感激之情。为了检验战争期间在你们敌国完善和发表的一个理论,你们著名的科学家花费了很多时间和精力,科研机构也耗费了大量财力,这完全符合你们国家伟大而光荣的科学研究传统。虽然研究太阳引力场对光线的影响是纯粹客观的,但我仍然不禁要对我英国同事们的工作表示我个人的感谢;因为若是没有这项工作,我可能就难以活着看到我的理论所蕴含的最重要的结论得到验证。

我们可以把物理学理论分成不同种类。其中大多数是构造性的。它们试图从较为简单的形式体系出发,在此基础上就更为复杂的现象构造出一幅图像。气体运动论就是这样试图把机械的、热的扩散过程还原为分子运动,即用分子运动假说构造出这些过程。当我们说已经成功地理解了一组自然过程时,我们的意思总是指：我们已经找到了一种构造性理论来涵盖这些过程。

除了这类最重要的理论，还有第二类理论，我称之为"原理理论"。它们使用的是分析法，而不是综合法。构成其基础和出发点的要素不是用假说构造出来的，而是在经验中发现的，它们是自然过程的一般特征，这些原理给出了各个过程或其理论表述所必须满足的用数学表达的标准。热力学就试图运用分析法，从永恒运动不可能这一普遍经验事实出发，推导出各个事件必须满足的必然条件。

构造性理论的优点是完整性、适应性和清晰性，原理理论的优点则是逻辑完备和基础稳固。

相对论属于后一类。为了把握它的本性，首先要了解它所基于的原理。但在讲这些之前，我必须指出，相对论就像一座由狭义相对论和广义相对论组成的两层建筑。作为广义相对论之基础的狭义相对论适用于除引力以外的一切物理现象；广义相对论则提供了引力定律及其余自然力的关系。

当然，自古希腊时代起，人们就已经知道：为了描述一个物体的运动，需要有另一个物体作为第一个物体运动的参照。一辆车子的运动是参照地面来说的，一颗行星的运动则是参照可见恒星的全体来说的。在物理学中，诸事件在空间上参照的物体被称为坐标系。例如，伽利略和牛顿的力学定律只有借助于坐标系才能表述出来。

然而，要使力学定律有效，坐标系的运动状态就不能任意选取（它必须没有转动和加速）。力学中容许的坐标系被称为"惯性系"。按照力学，惯性系的运动状态并非由自然界唯一决定。相反，以下定义是成立的：一个相对于惯性系作匀速直线运动的坐标系同样是一个惯性系。所谓"狭义相对性原理"是指把这个定义推广到包含一切自然事件。于是，凡是对坐标系 C 有效的普遍自然定律，对一个相对于 C 作匀速平移运动的坐标系 C' 也必定有效。

狭义相对论所基于的第二条原理是"真空中光速不变原理"。这条原理断言，光在真空中总有一个确定的传播速度，同观测者或光源的运动状态无关。物理学家们对这条原理的信任源于麦克斯韦和洛伦兹的电动力学所取得的成功。

上述两条原理都得到了经验的有力支持，但在逻辑上似乎并不相容。通过修改运动学，即（从物理学的观点）论述有关空间和时间之定律的学说，狭义相对论最终成功地把它们在逻辑上调和了起来。于是，除非相对于某个给定的坐标系，否则说两个事件是同时的就没有意义；测量工具的形状和时钟的快慢都必定依赖于它们相对于坐标系的运动状态。

然而，包括伽利略和牛顿的运动定律在内的旧物理学并不符合上述的相对论性运动学。如果上述两条原理真的适用，那么自然定律必须服从由相对论性运动学所得出的普遍数学条件。物理学不得不适应这些条件。特别是，科学家们得到了一条关于飞速运动的质点的新运动定律，它在带电粒子的情况下已经得到了美妙的证实。狭义相对论最重要的结果与物质体系的惯性质量有关。该结果是：一个体系的惯性必然依赖于它所含的能量。由此又直接得出了这样一种观念，即惯性质量就是潜在的能量。质量守恒原理失去了它的独立性，同能量守恒原理融合在一起。

狭义相对论不过是对麦克斯韦和洛伦兹电动力学的系统发展，但又指向它自身之外。难道物理定律与坐标系的运动状态无关只限于坐标系彼此之间的匀速平移运动吗？大自然同我们的坐标系及其运动状态究竟有何关系呢？如果为了描述自然界而必须使用一个由我们随意引入的坐标系，那么对这个坐标系运动状态的选择就不应受到任何限制；定律应与这种选择完全无关（广义相对性原理）。

一个久已知晓的经验事实能使这条广义相对性原理更容易地建立起来，那就是：一个物体的重量和惯性受制于同一个常数（惯性质量与引力质量相等）。设想有一个坐标系相对于另一个牛顿意义上的惯性系作匀速转动。根据牛顿的教导，相对于这个坐标系所显示出来的离心力应被视为惯性的效应。但就像重力一样，这些离心力与物体的质量成正比。在这种情况下，难道不可以把这个坐标系看成静止的，而把离心力看成引力吗？这种观点似乎是显而易见的，但却为经典力学所不容。

以上简短的思考暗示了广义相对论必须给出引力定律，而对这个想法所作的持续探索已经证明我们的希望是合理的。

但这条道路比我们想象得更加困难，因为它要求放弃欧几里得几何。也就是说，固体在空间中排列所遵循的定律并不完全符合欧几里得几何为物体指定的空间定律。这就是我们谈及"空间弯曲"时的意思。"直线"、"平面"等基本概念也因此在物理学中失去了严格意义。

在广义相对论中，关于空间和时间的学说即运动学已不再同物理学的其余部分从根本上无关。物体的几何行为和时钟的运转都同引力场有关，而引力场又是由物质产生的。

从原理上看，新的引力论同牛顿理论大相径庭，但其实际结果却与牛顿理论的结果非常接近，以至于在经验领域很难找到判据来区分它们。迄今为止，我们找到的这种判据有：

1. 行星轨道的椭圆绕太阳的旋转（在水星的例子中已经得到证实）。

2. 引力场的作用所引起的光线弯曲（已为英国人的日食照片所证实）。

3. 从大质量的恒星发射到我们这里的光，其谱线朝着光谱的红端移动（尚未证实）。

该理论主要的吸引人之处在于逻辑上的完备性。只要有一个它所推出的结论被证明是错误的，它就必须被放弃；对它进行修改而不摧毁其整个结构似乎是不可能的。

不过，不要以为牛顿的伟大工作真的能被这一理论或任何其他理论所取代。作为自然哲学领域我们整个近代概念结构的基础，他那些伟大而明晰的观念将永葆其独特的意义。

关于相对论

（在伦敦的讲话）

有幸在这个产生过理论物理学许多最重要基本观念的国家首都发表讲话，我感到特别高兴。我想到的是牛顿给出的关于物体运动和引力的理论，还有法拉第和麦克斯韦借以把物理学置于新基础之上的电磁场概念。事实上，可以说相对论是为麦克斯韦和洛伦兹绘制的宏伟思想大厦画了最后一笔，因为它试图把场物理学扩展到包括引力在内的一切现象。

回到相对论本身，我想请大家注意一个事实，即这个理论并非起源于思辨。发明它完全是因为想让物理学理论尽可能地符合观察到的事实。这里我们并没有什么革命之举，而只是自然地延续了一条可以往前追溯几个世纪的线索。要放弃某些同空间、时间和运动有关的迄今被视为基本的概念，绝不能认为是随意的，而只能认为是由观察到的事实所决定的。

电动力学和光学的发展确证了真空中的光速不变定律，迈克尔逊的著名实验则以特别精确的方式证明，一切惯性系都有平等的正当性（狭义相对性原理）。由这两者首先引出，必须使时间概念成为相对的，给每一个惯性系都赋予它自身的特殊时间。随着这一观念的发展，我们已经看得很清楚：直接经验与坐标和时间之间的关联此前从未得到足够精确的思考。

总体而言，相对论的本质特点之一是它要更为精确地查明一般概念与经验事实之间的关系。这里的基本原则是：一个物理概念是否正当，完全取决于它与所经验到的事实之间清晰而明确的关系。根据狭义相对论，空间坐标和时间就其可以用静止的时钟和物体来直接测量而言，仍然有一种绝对性；但就其依赖于所选择惯性系的运动状态而言，则是相对的。根据狭义相对论，由空间和时间结合而成的四维连续区（闵可夫斯基）仍然保持着绝对性，根据之前的理论，这种绝对性分别属于空间和时间。把坐标和时间解释为测量的结果，可以导出运动（相对于坐标系）对物体形状和时钟运转的影响，也可以导出能量与惯性质量的等价性。

广义相对论之所以产生，首先是因为物体的惯性质量与引力质量在数值上相等这一经典力学所无法解释的经验事实。把相对性原理扩展到彼此相对加速的坐标系，就可以得到这样的解释。引入相对于惯性系加速的坐标系，就会出现相对于惯性系的引力场。其结果是，以惯性与重量相等为基础的广义相对论提供了一种引力场理论。

像惯性与重量的同一性所决定的那样，把彼此相对加速的坐标系作为同样合法的坐标系来引入，连同狭义相对论的结果，就得到了以下结论：有引力场存在时，支配固体在空间中排列的定律并不符合欧几里得几何学的定律。对于时钟的运转也可得到类似的结果。于是，我们不得不对空间和时间理论作另一种推广，因为通过可用量杆和时钟来获得的测量结果而对空间和时间坐标所作的直接解释现在站不住脚了。对度规的这种推广——在纯粹数学领域，高斯和黎曼的研究已经做到了这一点——本质上基于以下事实：在一般情况下，狭义相对论的度规对于小区域来说仍然可以声称有效。

这里概述的发展过程取消了空间 – 时间坐标的一切独立实在性。现在，只有把空间 – 时间坐标与描述引力场的数学量相结合，才能给出实际度规。

广义相对论的演进背后还有另一个因素。正如恩斯特·马赫所强调指出的，牛顿理论在以下方面不能让人满意：如果从纯粹描述的观点而不是从因果的观点来考察运动，那么就只存在物体彼此之间的相对运动。但如果从相对运动的概念出发，那么出现在牛顿运动方程中的加速度就无法理解了。它迫使牛顿构想出一种物理空间，据说加速度是相对于它而存在的。这种对绝对空间概念的特设性引入虽然在逻辑上无可指摘，但似乎不能令人满意。于是，马赫曾试图修改力学方程，使得物体的惯性不是追溯到这些物体对于绝对空间的相对运动，而是追溯到它们对于所有其他有重物体的相对运动。在当时的认识状况下，马赫的努力必定会失败。

　　但提出这个问题似乎是完全合理的。这条论证线索因广义相对论的关系而大大增强了自己的力量，因为根据广义相对论，空间的物理性质会受到有重物质的影响。在我看来，只有认为宇宙在空间上是闭合的，广义相对论才能令人满意地解决这个问题。如果相信宇宙中有重物质的平均密度有一个有限的值，那么无论这个值有多小，该理论的数学结果也会迫使我们接受这种观点。

广义相对论的起源

我很高兴应你们之邀，讲讲我自己科学工作的历史。这倒不是因为我对自己工作的重要性有什么夸张的看法，而是因为书写别人工作的历史就需要在一定程度上吸收别人的想法，这更多是训练有素的历史学家擅长的事情；而要说明一个人自己以前的思想，显然要容易太多。这里有一个为别人所没有的极大优势，一个人不应出于谦虚而放弃这个机会。

1905 年，狭义相对论使我得出，一切所谓的惯性系对于表述自然定律都等效，此时便自然产生了这样一个问题：各个坐标系是否有更进一步的等效性？换句话说，如果速度概念只能有相对的意义，我们难道还应坚持把加速度当作一个绝对概念吗？

从纯粹运动学的观点来看，一切运动的相对性是无可置疑的；但从物理学上来说，惯性系似乎占据着一种优越地位，使用以其他方式运动的坐标系都会因此而显得不自然。

我当然很熟悉马赫的观点，根据他的说法，似乎可以设想：惯性阻力所反抗的并不是加速本身，而是相对于世间存在的其

197

他物体质量的加速。对我来说，这个想法颇有些迷人，但它并没有为一种新的理论提供切实可行的基础。

当我试图在狭义相对论的框架内处理引力定律时，我第一次朝着这个问题的解决迈进了一步。和当时的大多数作者一样，我也试图给出引力的场定律。由于绝对同时性的概念已被废除，已经不再可能或至少不能以任何自然的方式引入直接的超距作用。

最简单的做法当然是保留拉普拉斯的引力标量势，用一个关于时间的微分项以明显的方式补充泊松方程，使狭义相对论得到满足。引力场中质点的运动定律也必须符合狭义相对论。这里的道路还没有那么明确无误地标示出来，因为物体的惯性质量也许与引力势有关。事实上，由于能量的惯性原理，这一点是可以预料的。

然而，这些研究所得到的结果却引起了我的强烈怀疑。根据经典力学，一个物体在竖直引力场中的竖直加速度与其速度的水平分量无关。因此，在这样的引力场中，一个力学系统或其重心的竖直加速度的出现与它内部的动能无关。然而在我提出的理论中，落体的加速度却并非与它的水平速度或该体系的内能无关。

这不符合一个古老的实验事实，即引力场中的一切物体都有同样的加速度。这条定律或许也可以表述成惯性质量与引力质量相等，现在我认识到了它的深刻意义。对于它的存在，我感到极为惊异，猜想其中必定藏有一把钥匙，使我们可以更深入地理解惯性和引力。甚至在我还不知道厄缶（Eötvös）美妙的实验结果的情况下——如果没有记错，我是后来才知道它们的——我也未曾认真怀疑过这条定律的严格有效性。如今，我已经不再尝试按照上述方式在狭义相对论的框架内处理引力问题。它显然没有正确处理引力最基本的性质。惯性质量与引力质量相等这一原理现在可以非常清楚地表述如下：在均匀的引力场中，一切运动都像在不存在引力场时相对于一个匀加速坐标系所发生的那样。如果这条原理对于无论什么事件都成立（"等效原理"），那么这就表明：要想得到一种关于引力场的自然理论，就需要把相对性原理扩展到彼此作非匀速运动的坐标系。带着这些思考，我从1908年忙到1911年，试图从中推出这里我不打算讲的一些特殊结论。当时一件重要的事情是认识到，只有把相对性原理加以扩展，才能指望得到一种合理的引力论。

因此，需要建立一种理论，使它的方程在坐标的非线性变换下保持形式不变。至于它适用于任何（连续的）坐标变换，还是只适用于某些坐标变换，那时我还不清楚。

不久我就看到，把等效原理所要求的非线性变换包括进来，对于对坐标的简单物理解释必定是致命的；也就是说，不能再要求坐标差应当表示那些用理想标尺或理想时钟得到的直接测量结果。对于这种认识，我深感困惑，因为我花了很长时间才弄明白坐标在物理学中的意义究竟是什么。直到1912年，我才通过以下思考找到了摆脱这种困境的出路：

必须找到惯性定律的一种新的表述，使得如果把一个惯性系用作坐标系，那么在不存在"真正的引力场"的情况下，该表述就变成了伽利略对惯性原理的表述。伽利略的表述相当于说：一个不受力的作用的质点在四维空间中将用一条直线来表示，也就是说用一条最短的线，或者更准确地说，用一条极值线来表示。这一概念预设了线元长度的概念，亦即度规概念。在狭义相对论中，正如闵可夫斯基所表明的，此度规是一种准欧几里得度规，也就是说，线元"长度" ds 的平方是坐标微分的某个二次函数。

如果通过非线性变换引入其他坐标，那么 ds^2 仍然是坐标微分的一个齐次函数，但这个函数的系数（$g_{\mu\nu}$）不再是常数，而是成了坐标的某些函数。用数学语言来说，这意味着物理（四维的）空间有一种黎曼度规。此度规的类时极值线提供了除引力以外不受其他力作用的质点的运动定律。与此同时，此度规的系数（$g_{\mu\nu}$）又描述了相对于所选坐标系的引力场。这样就找到了一种对等效原理的自然表述，把它扩展到任何引力场就构成了一个完全自然的假说。

因此，上述难题的解决方案是：坐标的微分没有物理意义，只有与之对应的黎曼度规才有物理意义。这样便找到了广义相对论的一个可行的基础。但还有两个问题没有解决。

1. 如果场定律是用狭义相对论的语言来表述的，那么如何把它转移到黎曼度规的情形中来呢？

2. 决定黎曼度规（即 $g_{\mu\nu}$）本身的微分定律是什么？

从 1912 年到 1914 年，我同我的朋友格罗斯曼（Grossmann）一起研究这些问题。我们发现，在里奇（Ricci）和列维 – 契维塔（Levi-Civita）的绝对微分学中，解决问题 1 的数学方法已经是现成的。

问题 2 的解决则显然要求（由 $g_{\mu\nu}$）构造二阶微分不变式。我们很快就发现，这些已经由黎曼建立起来了（曲率张量）。在广义相对论发表的两年前，我们已经在考虑正确的引力场方程，但那时我们未能看出如何能把它们用在物理学中。相反，我确实感到它们不能正确地处理经验。此外我还相信，根据一般的思考我能够证明，对于任何坐标变换都不变的引力定律同因果律是不一致的。这些思想上的错误使我耗费了两年极为艰苦的工作，直到 1915 年底我才最终把它们看清楚，在我懊悔地回到黎曼曲率之后，又成功地把该理论与天文学的经验事实联系在一起。

从业已获得的知识来看，这种愉快的成就几乎像是理所当然的，任何聪明的学生不用费多大气力就能掌握它。但是，在黑暗中焦急探索的岁月里，怀着热烈的渴望，时而充满自信，时而精疲力竭，最后终于看到了光明——所有这些，只有亲身经历过的人才能体会到。

物理学中空间、以太和场的问题

　　科学思想是对前科学思想的发展。由于空间概念在前科学思想中已经起着基础作用，所以我们必须从前科学思想中的空间概念开始。有两种考察概念的方式，两者对于理解这些概念都是不可或缺的。第一种是逻辑分析。它回答这样一个问题：概念与判断是如何相互依存的？我们是在较为可靠的基础上来回答这个问题的。数学之所以备受尊敬，就是因为这种可靠性。但这种可靠性是以空无内容为代价而获得的。概念只有在与感觉经验相联系时才能获得内容，无论这种联系是多么间接。但这种联系无法被逻辑研究所揭示，而只能被经验。然而，正是这种联系决定了概念体系的认知价值。

　　举例来说，假定有一位属于未来文化的考古学家发现了一本没有图形的欧几里得几何学教科书。他会发现"点"、"直线"、"平面"等一些词是如何在命题中使用的，也会看出这些命题是怎样相互导出的，甚至还能按照他所认识到的规则构造出新的命题。但是只要"点"、"直线"、"平面"等没有向他传达什么，那么对他来说，构造出这些命题仍然只是一种空洞的文字游戏。只有当这些词传达了某种东西时，几何学对他来说才会有一些实际内容。对于分析力学来说也是如此，事实上对于逻辑演绎科学的任何阐释都是如此。

说"直线"、"点"、"相交"等词传达了某种东西，这是什么意思呢？它的意思是，我们能够指出这些词所涉及的感觉经验内容。这个逻辑以外的问题是几何学的本质问题，这位考古学家只能凭直观来解决它，即对他的经验进行考察，看他是否能够发现某种东西对应于理论中的原始词项以及为这些词项所设定的公理。只有在这种意义上，关于用概念表示的事物之本质的问题才能被合理地提出来。

如果使用我们的前科学概念，那么我们面对本体论问题所处的情形很像这位考古学家。可以说，我们已经忘记了是经验世界中的哪些特征使我们能够提出这些概念，而且如果不戴上旧有概念解释的眼镜，我们很难想起经验世界。此外还有一个困难：我们的语言不得不使用那些与原始概念密不可分地联系在一起的词。当我们试图阐述前科学空间概念的本质时，这些都是我们面临的障碍。

在转到空间问题之前，我们先一般地谈谈对概念的看法：概念与感觉经验有关，但永远不可能在逻辑意义上由感觉经验推导出来。由于这个缘故，我始终未能理解对康德意义上先验之物的追求。在任何本体论问题中，我们所能做的永远只是在感觉经验复合体中寻求与概念有关的那些特征。

现在回到空间概念：它似乎预设了物体的概念。人们常常描述那些大概能引起空间概念的感觉经验复合体和感觉印象的本性。某些视觉印象和触觉印象之间有对应关系，这些印象（触觉、视觉）可以在时间中连续追随下去，而且在任何时候都可以重复，这些就是它们的一些特征。一旦借助上述经验形成物体概念（这个概念绝没有预设空间或空间关系概念），从思想上去把握这些物体之间关系的愿望就必然会引起一些同它们的空间关系相对应的概念。两个物体可以相互接触，也可以彼此远离。在后一种情况下，两者之间可以插进第三个物体而丝毫不改变它们，而在前一种情况下却不可能如此。这些空间关系显然和物体本身一样实在。如果两个物体对于填满一个这样的间隔是等效的，那么它们对于填满其他间隔也会是等效的。由此可见，间隔与选择何种特殊物体来填满它无关；这对于空间关系来说也是普遍正确的。显然，这种无关性（这是构造纯粹几何概念之所以有用的一个主要条件）不一定是先验的。在我看来，这种与选择何种特殊物体来填满它无关的间隔概念乃是整个空间概念的出发点。

于是根据这些简要说明，从感觉经验的观点来考察，空间概念的发展似乎遵循以下图式——物体；物体的排列关系；间隔；空间。这样看来，空间似乎和物体一样实在。

显然，作为一种实在事物的空间概念业已存在于科学以外的概念世界中。但欧几里得的数学对这种概念本身一无所知；它只限于客体以及客体之间的排列关系这些概念。点、平面、直线、线段都是理想化的物体。一切排列关系都可以归结为接触关系（直线与平面相交，点在直线上，等等）。作为连续区的空间根本没有出现在这个概念体系中。这个概念最早是笛卡尔用空间坐标来描述空间中的点时引入的。这里，几何图形第一次以某种方式显示为那个被设想为三维连续区的无限空间的一部分。

笛卡尔对空间处理的巨大优越性绝不只是把分析应用于几何学。其要点倒似乎是：希腊人在其几何描述中偏爱某些特殊对象（直线、平面）；而要对别的对象（如椭圆）作这种描述，只能借助于点、直线和平面进行构造或定义。而在笛卡尔的处理中，例如所有面，原则上似乎都有同等地位，在建立几何学时不会主观地偏爱平直构造。

就几何学被看成关于支配实际刚体彼此之间排列关系的定律的科学而言，应当认为它是最古老的物理学分支。正如我已经指出的，这门科学可以没有空间概念本身，点、直线、平面、线段等理想的物质形式已能满足它的需要。而笛卡尔所设想的整个空间却是牛顿物理学所绝对必需的。因为动力学不能只靠质点和质点之间随时间可变的距离这些概念。在牛顿的运动方程中，加速度概念发挥着基础作用，它不能只靠质点之间随时间可变的距离来定义。只有相对于整个空间，才能设想或定义牛顿的加速度。于是，除了空间概念的几何实在性，又给空间加上了一种确定惯性的新功能。当牛顿说空间是绝对的时候，他无疑是指空间的这种实在意义，这使他必须赋予空间一种非常明确的运动状态，而这种运动状态似乎不能由力学现象完全确定。这种空间在另一种意义上也被认为是绝对的：空间确定惯性的作用被认为是自主的，也就是说不受任何物理环境的影响；它影响物体，但没有什么东西能够影响它。

但不久前，物理学家仍然认为空间只不过是所有事件的被动容器，并不参与物理事件。直到光的波动说和法拉第与麦克斯韦的电磁场理论出现，思想才开始发生新的转变。人们已经渐渐明白，空的空间中不仅存在着以波的形式传播的状态，而且存在着定域的场，能对移到那里的带电质量或磁极施加力的作用。既然在19世纪的物理学家看来，把物理功能或物理状态赋予空间本身是完全荒谬的，他们就以有重物质为模型设想了一种充满整个空间的介质——以太，它的作用应当是电磁现象的载体，因此也是光现象的载体。这种介质被设想构成了电磁场，其状态起初是以固体的弹性变形为模型而机械地想象的。但以太的这种机械理论从未取得很大成功，因此渐渐地，人们不再试图对以太场的本性作更详细的解释。于是，以太就成了这样一种物质，它的唯一功能就是充当电场的基体，而电场因其本性是不能作进一步分析的。由此得到了以下图像：空间被以太所充满，有重物质的物质微粒或原子浸游其中；物质的原子结构已在世纪之交的时候被牢固确立了。

既然物体之间的相互作用据信是通过场来实现的，那么以太中也一定有引力场，但当时它的场定律还没有明确的形式。以太只被认为是所有力跨越空间起作用的场所。自从人们认识到运动中的带电质量会产生磁场，磁场的能量为惯性提供了一种模型，惯性也显得像一种定域在以太中的场作用。

以太的力学性质起初让人捉摸不透，然后出现了洛伦兹的伟大发现。当时已知的所有电磁现象都可以基于以下两条假定来解释：以太牢固地固定在空间中，也就是说它完全不能运动；而电牢固地固定在可运动的基本粒子中。今天，洛伦兹的发现可以表述如下：物理空间和以太只不过是对同一个东西的两种不同表达；场是空间的物理状态。因为如果不能把特殊的运动状态赋予以太，似乎就没有理由把它当作一种与空间并列的特殊之物引入进来。但这样一种思路与当时的物理学家们还相距甚远；在他们看来，空间仍然是一种刚性的、同质的东西，不能变化，也不能有各种不同的状态。只有黎曼这位孤独而不为人理解的天才，才在 19 世纪中叶奋力得到了一种新的空间观，这种空间观剥夺了空间的刚性，而且认识到空间有可能参与物理事件。更值得我们钦佩的是，这项思想成就出现在法拉第和麦克斯韦的电场理论之前。然后出现了狭义相对论，它认识到一切惯性系在物理上都是等价的。与电动力学或光的传播定律相联系，出现了时间与空间的不可分性。此前人们一直暗中假定：

事件的四维连续区能以客观的方式分成空间和时间，也就是说在事件的世界里，"现在"被赋予了绝对的意义。随着同时性的相对性被发现，空间和时间融合为一个连续区，就像以前空间的三维融合为一个连续区一样。就这样，物理空间被扩展为一个四维空间，它也包含了时间维度。狭义相对论的四维空间就像牛顿的空间一样刚性和绝对。

相对论是一个很好的例子，可以说明理论科学的现代发展的基本特征。初始假说变得越来越抽象和远离经验。另一方面，它更接近一切科学的伟大目标，即通过逻辑演绎从尽可能少的假说或公理涵盖尽可能多的经验事实。同时，从公理导向经验事实或可证实结论的思路也越来越长和越来越微妙。理论科学家在寻求理论时，不得不越来越以纯数学的形式思考为指导，因为实验家的物理经验无法把他引至最抽象的领域。适用于科学幼年的以归纳为主的方法正在让位于试探性的演绎法。在能够导出那些可与经验作比较的结论之前，需要对这样一种理论结构做出非常详尽的精心阐述。这里，观察到的事实无疑也是最高的仲裁者；但只有通过紧张而艰巨的思考把公理与其可证实的结论之间的宽阔鸿沟弥合起来，它才能做出裁决。理论家在从事这项艰巨的工作时应当充分意识到，他的努力也许只会使他的理论受到致命打击。对于承担这项工作的理论家，不应指责其"异想天开"，而应使他有权去自由幻想，因为达到目标别无他途。他的幻想并非徒劳的白日梦，而是在寻求逻辑上最简单的可能性及其推论。为使听众或读者能够专心地跟上以下思路，需要作这一恳求；正是这条思路把我们从狭义相对论引到了广义相对论，再从广义相对论引到它的最近分支，即统一场论。在作这样的阐释时不可避免要用到数学符号。

我们从狭义相对论开始讲起。该理论仍然直接基于一条经验定律，即光速不变定律。设 P 是空虚空间中的一个点，P' 是与它相距 $d\sigma$ 的一个无限接近的点。假定在时刻 t 从 P 发出一道闪光，它在时刻 $t+dt$ 到达 P'，那么

$$d\sigma^2 = c^2 dt^2 。$$

如果 dx_1、dx_2 和 dx_3 是 $d\sigma$ 的正交投影，并且引入虚时间坐标 $\sqrt{-1}\, ct = x_4$，那么上述光速不变定律就有如下形式：

$$ds^2 = dx_1{}^2 + dx_2{}^2 + dx_3{}^2 + dx_4{}^2 = 0 。$$

既然这个公式表达了一种实际情况，我们也许可以赋予 ds 这个量以一种实在的意义，即使对四维连续区中两个邻近点的选择使得相应的 ds 不等于零，情况也是如此。这可以表达为：狭义相对论的四维空间（带有需时间坐标）拥有一种欧几里得度规。

之所以把这种度规称为欧几里得度规，与下面这件事情有关。在三维连续区里假定这样一种度规，就完全等同于假定欧几里得几何的公理。于是，定义度规的方程不过是把毕达哥拉斯定理应用于坐标的微分罢了。

在狭义相对论中，许可的坐标改变（通过变换）是这样的：在新坐标系中，ds^2 这个量（基本不变量）也等于坐标微分的

平方和。这种变换被称为洛伦兹变换。

狭义相对论的启发性方法可由以下原理来刻画：只有用洛伦兹变换改变坐标之后不改变形式的那些方程才能表达自然定律（方程对洛伦兹变换的协变性）。

这种方法使我们发现了动量与能量之间、电场强度与磁场强度之间、静电力与动电力之间以及惯性质量与能量之间的必然联系；物理学中独立概念和基本方程的数目因此减少了。

这种方法指向了它自身之外。表达自然定律的方程真的只对洛伦兹变换是协变的，而对其他变换就不协变吗？如果这样表述，那么这个问题实在没有意义，因为任何方程组都能用广义坐标来表示。我们要问的是：自然定律是不是这样构成的，使得选择任何一组特殊的坐标都不会使这些定律有实质性的简化？

我们只是顺便提一下，关于惯性质量与引力质量相等的经验定律提示我们，对于这个问题应当给予肯定的回答。如果把所有坐标系对于表述自然定律都等效提升为一条原理，那么只要我们至少对于四维空间的无限小部分仍然保留着光速不变定律，或者说仍然假定欧几里得度规有客观意义，那么我们就得到了广义相对论。

这意味着，对于有限的空间区域，假设存在着一种广义黎曼度规（这在物理上是有意义的），其形式如下：

$$ds^2 = \Sigma_{\mu\nu} g_{\mu\nu} dx_\mu dx_\nu$$

其中的求和要扩展到从 1,1 到 4,4 的全部指标组合。

这种空间的结构在一个方面与欧几里得空间的结构有根本不同。系数 $g_{\mu\nu}$ 暂时是坐标 x_1 到 x_4 的任何函数，空间的结构要等到 $g_{\mu\nu}$ 这些函数实际知道了之后才能实际确定下来。我们也可以说：这种空间的结构本身是完全未确定的。只有指明了 $g_{\mu\nu}$ 的度规场所满足的定律，其结构才能进一步确定下来。基于物理上的理由，这就是假定：度规场同时就是引力场。

既然引力场取决于质量的位形，并且随之而变化，那么这种空间的几何结构同样取决于物理因素。于是，按照这种理论，空间——正如黎曼所猜测的那样——不再是绝对的；其结构取决于物理影响。(物理的)几何学不再像欧几里得几何学那样是一门孤立而自足的科学了。

于是，引力问题被归结为一个数学问题：找出最简单的基本方程，使之对于任何坐标变换都是协变的。这是一个非常明确的问题，至少是可以解决的。

这里我不想讨论对该理论的实验证实，但想立刻说明一下，为什么这种理论不能永远满足于此种成功。引力固然已从空间结构中推导出来，但除了引力场还有电磁场。首先，必须把电磁场作为一种独立于引力的东西引入该理论。解释电磁场存在的项必须加入到基本的场方程中。但认为存在着两种彼此独立的空间结构，即度规－引力结构和电磁结构，这种想法对于理论精神是无法容忍的。这促使我们相信，这两种场必定对应于一个统一的空间结构。

约翰内斯·开普勒

在我们这样一个令人忧虑和动荡不安的时代，在人类和人类事务的发展中找到乐趣是很困难的，此时想起像开普勒那样卓越而宁静的人，特别感到欣慰。在开普勒生活的时代，人们还根本不确定自然过程是否一般地受定律支配。他在无人支持和极少有人了解的情况下，孤独地投身于艰苦而繁重的工作数十年，对行星的运动及其数学定律进行经验研究，他对自然定律的信仰该是多么坚定，才能获得这种力量啊！若要恰当地对他表示敬意并纪念他，我们应当尽可能地看清他的问题以及解决此问题的各个步骤。

哥白尼使最有才智的人看到，要想清楚地把握行星在天空中的视运动，最好是把这些运动理解成行星围绕被视为静止的太阳所作的转动。倘若行星围绕一个以太阳为中心的圆作匀速运动，那么查明这些运动从地球上看应是怎样的就比较容易了。然而，所要处理的现象远比这复杂，因此任务也就困难得多。首先要根据第谷·布拉赫的行星观测结果从经验上确定这些运动，然后才可能考虑发现这些运动所满足的一般定律。

要想了解确定围绕太阳的实际运转有多么困难，需要弄清楚以下这些事情：我们永远也看不到行星在某一时刻实际所处的位置，而只能从地球上看到它那时在什么方向上，而地球本身又以一种未知的方式围绕太阳运动。于是，这些困难几乎显得无法克服。

为给这种混乱带来秩序，开普勒不得不找到一种途径。起初，他意识到必须首先尝试确定地球本身的运动。倘若只有太阳、地球和恒星，而没有别的行星，那这简直是不可能的。因为在那种情况下，除了日－地连线方向在一年中的变化情况（太阳相对于恒星的视运动），我们无法从经验上确定任何别的东西。这样就可能发现，日－地连线的这些方向全都位于一个相对于恒星静止的平面上，至少按照当时没有望远镜的情况下所能达到的观测精度来说是如此。由此也能确定日－地连线是以何种方式围绕太阳旋转的。结果是，这种运动的角速度在一年中呈现出规律性的变化。但这没有多大用处，因为我们仍然不知道日地距离在一年中是如何变化的。只有知道了此距离在一年中的变化，才能确定地球轨道的真实形状及其运行方式。

开普勒找到了一条奇妙的出路来摆脱这种困境。首先，对太阳的观测表明，在一年中不同的时间里，太阳在相对于恒星背景的视路径上的速度各不相同；然而在天文年的同一时间，这种运动的角速度却总是相同，于是，当日－地连线指向同一恒星区域时，该直线的转动速率也总是相同。因此应当假定地球轨道是闭合的，地球每年都沿着它以同样的方式运动——这绝非先验自明。对于哥白尼体系的追随者来说，几乎可以肯定，该假定必然也可用于其他行星轨道。

这肯定使问题变得更容易了。但如何确定地球轨道的真实形状呢？设想在轨道平面的某处有一盏明亮的灯 M。我们知道，要是这盏灯永远固定在这个位置上，它就能成为测定地球轨道的三角测量的一个定点，地球居民在每年的任何时候都能看到它。假设这盏灯 M 比地球距离太阳还要远。借助这样一盏灯，就能按照以下方式确定地球轨道：

首先，每年都有这样一个时刻，地球 E 恰巧位于太阳 S 与灯 M 的连线上。如果此时从地球 E 看灯 M，我们的视线就会与 SM（太阳－灯）这条线重合。想象把后者在天穹上标记下来。现在设想地球处在不同的位置和不同的时间。既然太阳 S 和灯 M 从地球上都可以看见，三角形 SEM 中的角 E 便是已知的。然而通过对太阳的直接观测，我们也知道了 SE 相对于恒星的方向，而此前 SM 连线相对于恒星的方向已经一劳永逸地确定了。我们也知道三角形 SEM 在 S 处的角度。于是，我们在纸上随意画出底边 SM，凭借我们对角 E 和角 S 的认识，就可以作出三角形 SEM。我们可以在一年中经常这样做，每一次都会在纸上得到地球 E 相对于那条永远固定的底边 SM 的位置，并且给它注上日期。由此就在经验上确定了地球的轨道，当然，这还不是它的绝对尺寸。

但你们会说，开普勒到哪里去找这盏灯 M 呢？他的天才以及这时仁慈的大自然给予了他这盏灯。例如，天上有颗行星叫作火星，而火星年即火星绕太阳走一圈的时间是已知的。太阳、地球和火星有可能在某一时刻恰好排成一条直线。由于火星沿一个闭合的轨道运转，所以每隔一个火星年，火星都会出现在这个位置上。因此，在这些已知时刻，SM 总是呈现为同一底边，而地球则总是处在其轨道的不同位置上。于是在这些时刻，火星就起着我们前面设想的那盏灯的作用，可以通过观测太阳和火星来确定地球的真轨道。开普勒就是这样发现了地球轨道的真实形状以及地球在其上的运转方式。我们这些后来者——欧洲人、德国人甚或施瓦本人——都应因此而钦佩和尊敬他。

地球轨道既已由经验确定下来，SE 线在任一时刻的真实位置和长度也就知道了，现在开普勒要从行星观测结果计算出其他行星的轨道和运动已经不再过于困难，至少原则上是如此。但这仍然是一项极为艰巨的工作，尤其是考虑到当时的数学状况。

现在我们来谈谈开普勒一生中同样艰苦的第二部分工作。轨道已从经验知道了，但其定律还必须由经验结果猜测出来。他必须首先猜测轨道曲线的数学性质，然后用一大堆数据去验证！如果不合适，就必须想出另一种假说再去验证！经过无数次探索，他终于发现符合事实的假定是：行星轨道是一个椭圆，而太阳位于它的一个焦点上。开普勒也发现了行星在运转过程中速度变化的定律，那就是：太阳与行星的连线在相等的时间内扫过相等的面积。最后他还发现：行星运转周期的平方与椭圆长轴的立方成正比。

我们在赞叹这位卓越人物的同时还伴随着另一种赞叹和敬畏之情，不过，这种感情的对象不是人，而是我们生于其中的大自然的神秘和谐。古人已经设计出一些曲线来表示可以设想的最简单的规律性。其中除了直线和圆，最重要的就是椭圆和双曲线。我们看到，最后这两种曲线在天体的轨道中得到了实现，至少近乎如此。

在我们能在事物中发现形式之前，人的理性似乎应当先把形式独立地构造出来。从开普勒令人惊叹的成就中，我们可以特别清楚地认识到：知识不可能单纯源于经验，而只能通过将理智的发明与观察到的东西相比较来得到。

牛顿力学及其对理论物理学发展的影响

200 年前的今天，牛顿合上了双眼。在这样一个时刻，我们有必要纪念这位卓越的天才，他空前绝后地决定着西方思想、研究和实践的方向。他不仅天才地发明了一些关键方法，而且独特地运用了当时已知的经验材料，在详细的数学物理证明方法上也极富创造性。由于所有这些理由，他理应得到我们最高的尊敬。然而，这样一个人物还有比其个人天才更大的意义，那就是：命运把他置于人类理智发展的一个转折点上。为了看清楚这一点，我们需要意识到，在牛顿以前并没有一个完备的物理因果性体系能够描述经验世界的任何更深特征。

虽然古希腊那些伟大的唯物论者主张，一切物质事件都应归因于有严格规律的原子运动过程，而不允许把任何生物的意志当作独立的原因，而且笛卡尔以自己的方式重新探索过这个目标，但它始终只是一个大胆的愿望、一个哲学学派成问题的理想。在牛顿以前，还几乎没有实际结果来支持相信存在着完整的物理因果链条。

牛顿的目标是回答这样一个问题：是否存在着一条简单的规则，当所有天体在某一时刻的运动状态皆为已知时，能用这条规则完全计算出我们行星体系中天体的运动？摆在他面前的是由开普勒、第谷·布拉赫的观测结果推出来的关于行星运动的经验定律，而这是需要解释的。（今天人人都知道，要由这种经验确定的轨道来发现这些定律需要何种辛劳。但很少有人认真思考过开普勒根据从地球上观测的视轨道推出真轨道所使用的天才方法。）这些定律对于行星如何绕太阳运转虽然做出了完满的回答：轨道的椭圆形，半径在相等时间扫过相等的面积，半长轴与旋转周期之间的关系，但这些规则并不满足因果性的要求。这三条规则在逻辑上彼此独立，无法揭示出内在关联。第三定律不能在量值上直接转移到除太阳以外的其他中心体上（例如，行星围绕太阳运转的周期与卫星围绕行星运转的周期之间毫无关系）。但最重要的是：这些定律与整体的运动有关，而不涉及一个体系的运动状态如何产生在时间上紧随其后的那个运动状态；用我们现在的说法来说，它们是积分定律而不是微分定律。

只有微分定律形式才能完全满足近代物理学家对因果性的要求。微分定律的清晰观念是牛顿最伟大的思想成就之一。不仅需要这种观念，还需要一种数学的形式体系，它当时还很初步，但需要获得一种成体系的形式。牛顿在微积分中也找到了这种形式。这里我们不必考察莱布尼茨是否独立于牛顿发现了这种数学方法。无论如何，对牛顿来说，发展出这种方法是绝对必要的，因为只有借助于这种方法才能表达他的思想。

伽利略已经朝着认识运动定律迈出了意义重大的一步。他发现了惯性定律以及地球引力场中的自由落体定律：一个质量（更精确地说是一个质点）在不受其他质量影响时作匀速直线运动。自由落体在引力场中的竖直速度随时间而均匀增加。今天我们也许会以为，从伽利略的认识到牛顿的运动定律只需一小步。但应当注意，上面这两则陈述都只与整个运动有关，而牛顿的运动定律则回答了这样一个问题：在外力的影响下，一个质点的运动状态在无限短的时间内是如何变化的？只有通过考虑在无限短的时间内发生了什么（微分定律），牛顿才得到了一个适用于任何运动的公式。他从当时已经高度发展的静力学中取出了力的概念。只有通过引入新的质量概念，他才能把力和加速度联系起来。说来也奇怪，支撑这个新概念的竟然是一个虚构的定义。今天我们已经非常习惯于形成那些对应于微商的概念，以致我们已经很难理解通过二次极限过程得到普遍的微分定律需要怎样非凡的抽象能力了，而且在这个过程中，还必须发明出质量概念。

然而，对于运动过程的因果理解还远未达成。因为只有当力已知时，才能由运动方程确定运动。大概是受到了行星运动定律的启发，牛顿设想，作用于一个质量上的力由所有与该质量距离足够近的物体的位置来决定。只有知道了这种关联，才能对运动过程有完全因果的理解。大家都知道，牛顿从开普勒的行星运动定律出发解决了引力问题，从而发现作用于星体的推动力和引力本质上是相同的。正是

（运动定律）与（引力定律）

的结合形成了一个美妙的思想结构，它使我们可以根据在某一时刻获得的系统状态计算出它在过去和未来的状态，只要一切事件只在引力的作用下发生。牛顿概念体系在逻辑上的完备性就在于，一个系统中各个质量的加速度的原因仅仅在于这些质量本身。

根据这里概述的基础，牛顿成功地解释了行星、卫星和彗星的运动，直至其最小的细节，还有潮汐和地球的进动——这是无比宏伟的演绎成就。认识到天体运动的原因就是我们日常经验中非常熟悉的重力，这一发现必然令人惊叹不已。

但牛顿成就的重要性并不只是为实际的力学创造出一种逻辑上令人满意的可用基础，直到19世纪末，它一直是每一位理论物理研究者的纲领。一切物理事件都应追溯到那些服从牛顿运动定律的物体。只需扩展力的定律，使之适用于所考察的事件类型就可以了。牛顿本人曾试图把这一纲领用于光学，他预先假定光由惯性微粒所组成。当牛顿运动定律被用于连续分布的质量之后，光的波动说也利用了牛顿运动定律。牛顿的运动方程也是热的运动论的唯一基础，这种理论不仅为发现能量守恒定律作了思想上的准备，还给出了一种直至最后细节都已

得到确证的气体理论，以及关于热力学第二定律本质的一种更深刻的看法。电学和磁学也一直沿着牛顿的基本思想发展到现代（电性物质和磁性物质、超距作用力）。甚至连法拉第和麦克斯韦的电动力学和光学革命也完全是在牛顿思想的引导下发生的，这是牛顿以后理论物理学基础的第一次重大根本进展。麦克斯韦、玻耳兹曼和开尔文勋爵不厌其烦地把电磁场及其动力学相互作用归因于假想的连续分布质量的机械作用。但由于这些努力没有成效或至少是没有显著成效，所以自19世纪末以来，我们的基本观念逐渐发生了转变；理论物理学的发展超出了牛顿的框架，在将近二百年的时间里，此框架一直使科学稳定发展并且给予思想上的引领。

从逻辑的观点看，牛顿的基本原理是如此令人满意，以致更新它们的动力只能源自经验事实的要求。在讨论这一点之前，我必须强调，牛顿本人比他之后几代学者更清楚自己思想结构中固有的弱点。这总是让我对他深感敬佩，因此我想花点时间谈谈这个问题：

1. 尽管牛顿处处竭力把他的思想体系表现为由经验必然决定，并且尽可能少地引入不直接指涉经验对象的概念，但他还是提出了绝对空间和绝对时间的概念。为此，近年来他常常受到批评。但恰恰在这一点上，牛顿特别前后一致。他已经认识到，可观察的几何量（质点的间距）及其时间进程并不能从物理方面完全刻画运动。他以著名的水桶实验来证明这一点。因此，除了质量及其随时间而变化的距离，还要有另一种东西来决定运动。他认为，这种东西就是与"绝对空间"的关系。他认识到，他的运动定律要想有任何意义，空间就必须拥有一种物理实在性，就像质点及其距离的实在性一样。

这种清楚认识既显示了牛顿的智慧，也暴露了他理论的弱点。因为如果没有这个模糊的概念，其理论的逻辑结构必定会更令人满意；在那种情况下，只有同知觉的关系完全清晰的东西（质点、距离）才会进入定律。

2．引入不需要中介、瞬时传递的超距作用力来表示引力的作用，并不符合我们日常经验中所熟知的大多数过程的特征。对于这种想法，牛顿指出，他的引力相互作用定律不应被视为最终的解释，而应当作一条从经验中归纳出来的规则。

3．物体的重量和惯性是由同一个量（质量）来决定的。对于这个极其值得注意的事实，牛顿的理论并没有给出解释。牛顿也意识到这一事实的不同寻常。

这三点都不构成对这一理论的逻辑反驳。在某种意义上，它们只是代表着科学家在努力从思想上完全统一地把握自然现象过程中那些未得满足的愿望。

被视为整个理论物理学纲领的牛顿运动学说，从麦克斯韦的电学理论那里遭受了第一次打击。事实表明，物体之间的电磁相互作用并非由瞬时传递的超距作用力所引起，而是由一种以有限速度穿过空间传播的过程所引起。根据法拉第的构想，除了质点及其运动，还有一种新的物理实在，那就是"场"。起初人们依照力学的思维方式，试图把场解释为一种充满空间的假想介质（以太）的力学状态（运动状态或应力状态）。然而经过顽强的努力，这种力学解释仍然不管用，此时人们便渐渐习惯于把"电磁场"看成物理实在的最终不可还原的组分。我们要感谢海因里希·赫兹有意使场的概念摆脱了来自力学概念库的一切附属物，还应感谢洛伦兹使场的概念摆脱了物质载体；按照洛伦兹的说法，唯一能够充当场之载体的东西就是物理上空的空间或以太，而这个空间即使在牛顿力学中也不是完全没有物理功能的。等到认识了这一点，就再也没有人相信直接而瞬时的超距作用了，甚至在引力领域也是如此，虽然由于缺乏足够的事实知识，关于引力的场论还没有清晰地勾勒出来。牛顿的超距作用力假说一旦被抛弃，电磁场理论的发展就会引导人们尝试用电磁方式来解释牛顿的运动定律，或者说用一种建立在场论基础上的更加精确的运动定律来取代牛顿运动定律。虽然这种努力尚未完全成功，但力学的基本概念已不再被视为物理世界观的基本组分。

麦克斯韦和洛伦兹的理论必然会导向狭义相对论，而狭义相对论既然放弃了绝对同时性概念，也就排除了超距作用力的存在。由该理论可知，质量并非不变，而是依赖于能量含量，事实上是与之相等。它也表明，牛顿的运动定律只能被视为对低速有效的极限定律；它建立了一条以真空中的光速为极限速度的新运动定律来取代牛顿定律。

广义相对论构成了场论纲领发展中的最后一步。从量上来说，它对牛顿的理论只作了很小的修改，但在质上却要深刻得多。惯性、引力以及物体和时钟的度规行为都被归结为场的性质，而这个场本身又被认为依赖于物体（推广了牛顿的引力定律，或者说推广了对应于牛顿引力定律的场定律，就像泊松所表述的那样）。由此空间和时间虽然未被剥夺实在性，但被剥夺了因果绝对性（即产生影响，但不受影响），为了能够表述当时已知的定律，牛顿不得不把这种绝对性归于空间和时间。广义的惯性定律接管了牛顿运动定律的角色。这一简短论述足以表明牛顿理论的要素如何逐渐变成了克服上述三个缺点的广义相对论。在广义相对论的框架中，运动定律似乎能够从对应于牛顿力定律的场定律中推导出来。只有完全达到了这个目标，我们才能谈及纯粹的场论。

在一种更为形式的意义上，牛顿力学也为场论开辟了道路。把牛顿力学应用于连续分布的质量，必然会导向偏微分方程的发现和应用，而这些方程第一次提供了场论定律的语言。在这个形式方面，牛顿的微分定律观念构成了后来发展的第一个决定性步骤。

到目前为止，我们谈论的是我们关于自然过程的观念的整个发展，它可以被视为对牛顿思想的一种系统发展。然而，正当对场论的完善还在全力进行的时候，热辐射、光谱、放射性等事实却揭示出了整个思想体系适用性的限度。尽管该体系在许多情况下已经取得了巨大成就，但在我们今天看来，这种限度似乎仍然无法克服。许多物理学家都断言（这有不少有力的论据），在这些事实面前，不仅微分定律，而且因果律本身（迄今为止它一直是所有自然科学最终的基本假定）也已经失效了。甚至连建立一个能与物理事件明确对应的时空结构的可能性也被否定了。一个力学体系只能有分立的稳定能量值或稳定状态（正如经验几乎直接表明的那样），初看起来这似乎很难从一种运用微分方程的场论中推导出来。德布罗意–薛定谔方法在某种意义上具有场论的特征，根据一种考虑了共振条件的微分方程，它的确推出只存在分立的状态，这与经验事实惊人地一致，但它必须放弃质点的定域性和严格的因果律。今天谁敢判定这样的问题：因果律和微分定律，牛顿自然观的这两条最终前提是否一定要明确放弃呢？

麦克斯韦对物理实在观念发展的影响

相信有一个外在世界独立于知觉主体而存在，这是一切自然科学的基础。然而，由于感官知觉只能间接提供关于这个外在世界或"物理实在"的信息，我们只能通过思辨的方式来把握它。由此可知，我们关于物理实在的观念永远也不可能是最终的。为了以逻辑上最完美的方式来正确处理知觉到的事实，我们必须随时准备改变这些观念——也就是说，改变物理学的公理基础。事实上，看看物理学的发展就可以明白，其公理基础在历史进程中已经发生了深远的变化。

自从牛顿奠定了理论物理学的基础，物理学的公理基础——亦即我们对实在结构的构想——发生的最大变化缘于法拉第和麦克斯韦在电磁现象方面的工作。接下来，我们将同时关注物理学早期和后来的发展，试图使这一点变得更加清楚。

按照牛顿的体系，物理实在由空间、时间、质点和力（质点的相互作用）等概念来刻画。在牛顿看来，物理事件应被视为受不变的定律支配的质点在空间中所作的运动。就实在能够发生变化而言，在处理实在中发生的变化时，我们只能以质点的方式来表示实在，质点是实在的唯一代表。质点概念显然缘于可感知的物体；人们设想质点是一种类似于可动物体的东西，但剥夺了它们的广延、形状、空间方位等特征以及一切"内在"性质，只留下惯性、位移并且添加了力的概念。物体曾在心理上引导我们形成"质点"概念，而现在却不得不把物体本身看成质点系。应当注意，这种理论框架本质上是原子论和机械论的。对于一切事件都应当作纯粹机械的解释，也就是说，按照牛顿运动定律把它们完全解释成质点的运动。

这个体系最不能让人满意的方面（除了最近被再次提出的"绝对空间"概念所涉及的困难）在于它对光的描述，牛顿依照自己的体系也设想光由质点组成。那么当光被吸收时，组成光的质点会变成什么呢？这个问题甚至在当时就已经非常紧迫了。不仅如此，为了分别表示有重物质和光，不得不假定两种完全不同的质点并把它们引入讨论，这无论如何不能令人满意。后来又加入了第三种质点即电微粒，它同样具有完全不同的特征。此外，决定事件的相互作用力必须以一种完全任意的方式进行假定，这也是一个根本弱点。不过，这种实在观取得了很大成就，那么人们为何又感到不得不抛弃它呢？

为把自己的体系完全表示成数学形式，牛顿必须发明微商概念，并以全微分方程的形式来表述运动定律——这也许是一个人在思想中所能作出的最大进展。偏微分方程对于这个目的并不是必需的，牛顿也没有系统地使用过它们；但它们对于表述可变形物体的力学却是必需的；这与以下事实有关：物体被认为如何由质点所组成，这个问题起初并不重要。

因此，偏微分方程进入理论物理学时还是婢女，但渐渐变成了主妇。这始于 19 世纪，那时观察到的事实已经迫使光的波动说建立起来。空虚空间中的光被解释为以太的振动，当然在这一阶段，把以太看成质点的聚集体似乎毫无用处。微分方程在这里第一次显示为对物理学基本实在的自然表达。于是，在理论物理学的一个特殊领域中，连续的场和质点都像是物理实在的代表。这种二元论至今仍然存在，任何有条理的头脑都必定会对此感到不安。

即使物理实在的观念已经不再是纯粹原子论的，它在当时也仍然是纯粹机械论的；人们仍然试图把一切事件都解释成惯性质量的运动；事实上，似乎也想不出别的方式来看待事物了。然后发生了一次伟大变革，它将永远与法拉第、麦克斯韦和赫兹的名字联系在一起。这次革命主要归功于麦克斯韦。他表明，当时关于光和电磁现象的所有知识都可以用他那两组著名的微分方程来表示，在这些方程中，电场和磁场作为因变量出现。麦克斯韦的确曾试图用理智构造一种机械模型来解释这些方程或为其作辩护。

但他同时使用了若干种这样的构造，而没有认真对待其中任何一种，因此只有这些方程才显得是本质性的，方程中出现的场强度乃是终极实体，不能被还原为任何其他东西。到了世纪之交，人们已经普遍把电磁场看成一种终极实体，严肃的思想家也不再相信有理由或有可能对麦克斯韦方程做出机械论的解释。恰恰相反，事实上没过多久，他们就试图借助于麦克斯韦理论，用场论来解释质点及其惯性，但这种尝试最终没有成功。

如果忽视麦克斯韦的工作在重要的物理学领域所产生的个别重要结果，而是集中于他给我们的物理实在观所带来的变革，那么也许可以说：在麦克斯韦以前，人们设想物理实在——就其应当代表自然中的事件而言——是质点，质点的变化完全归因于那些服从全微分方程的运动。而在麦克斯韦之后，他们认为物理实在由不能作机械解释的、服从偏微分方程的连续场来代表。实在观的这一变革乃是自牛顿以来物理学发生的最为深刻和最富有成果的变革；但同时必须承认，这一纲领还远未完全实现。毋宁说，自那以后发展起来的成功的物理学体系都是这两个纲领的折衷，因此这些体系都有一种暂时的、逻辑上不完备的特征，尽管它们在某些细节上也许已经取得了巨大进展。

这其中首先要提到洛伦兹的电子论，在该理论中，场和电微粒表现为对于理解实在有同等价值的要素。随后出现了狭义相对论和广义相对论，它们虽然完全基于与场论有关的观念，但迄今为止还不可避免要独立引入质点和全微分方程。

量子力学是理论物理学最近也是最成功的创造，它从根本上不同于我们为简洁起见所称的牛顿纲领和麦克斯韦纲领。因为出现在量子力学定律中的各种量并不声称描述了物理实在本身，而只是描述我们所考察的物理实在出现的几率。在我看来，对这种理论所作的逻辑上最完备的解释要归功于狄拉克。他正确地指出，比如要对光子做出一种理论描述，使它提供足够的信息，能够决定光子是否会通过一面斜放在其通路上的偏振器，这大概很困难。

我仍然倾向于认为，物理学家不会长期满足于对实在做出这种间接描述，即使这种理论最终能以令人满意的方式适应广义相对性的假设。我相信，那时我们必将回过头来试图实现所谓的麦克斯韦纲领，即通过那些满足偏微分方程而不带有奇点的场来描述物理实在。

弗莱特纳船

科学发现和技术发现的历史教导我们，人类的独立思考能力和创造性想象力并不强。即使孕育某个想法的外部条件和科学条件早已存在，通常也需要一种外部刺激才能使之实际产生；可以说，在该想法出现之前，必须耳提面命地把事情告诉人们。正在令整个世界为之惊叹的弗莱特纳船（Flettner-Schiff）就是一个很好的例子，可以说明这个并不讨我们喜欢的寻常真理。它本身也有特殊的吸引力，因为弗莱特纳转子（Flettner-Rotoren）的工作方式对于大多数外行来说仍然是一个谜，尽管这些转子只涉及纯机械力的应用，人人都相信自己可以本能地理解它。

弗莱特纳的发明的科学基础其实已经有大约二百年的历史了。自从欧拉和伯努利为无摩擦的液体运动确定了基本定律以来，它就一直存在。然而，它的实际可能性得到实现却只有几十年的历史，也就是说，自从我们有了可用的小型电动机之后。即使在那时，这项发现也不会自动出现，它要想出现，机会和经验必须先作几次干预才行。

　　弗莱特纳船的工作方式非常类似于帆船；和在帆船中一样，风力也是推进船只的唯一动力，但风不是作用于帆，而是作用于由小型电动机保持旋转的垂直金属皮汽缸上。这些电动机只需克服气缸与周围空气以及轴承中的少量摩擦。正如我所说，船只的动力只由风来提供。旋转气缸看起来像是船的烟囱，不过有后者的几倍高和几倍厚。它们呈现给风的截面面积大约比帆船帆具的等效面积小十倍。

　　"但这些旋转的气缸究竟是如何产生动力的？"外行人绝望地问。我将尽可能不用数学语言来回答这个问题。

　　以下引人注目的定律适用于可以忽略摩擦效应的流体（液体或气体）的所有运动：如果在均匀流体中不同点有不同的流速，那么在速度较大的那些点压力较小，反之亦然。这从运动的基本定律很容易理解。如果运动的流体中存在着一个从左向右增加的向右的速度，则单个流体微粒在其从左到右行进时必定会加速。这种加速要想发生，必须有一个力向右作用在微粒上。这要求其左边缘的压力应当比其右边缘的压力更强。由此可知，当右侧的速度大于左侧的速度时，左侧的液体压力要大于右侧的液体压力。

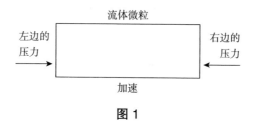

图 1

显然，有了压力与速度成反比的这个定律，那么只要知道液体中的速度分布，我们就可以确定由液体（或气体）的运动所产生的压力。现在，我要通过香水喷洒器这个熟悉的例子来显示该原理如何运用：

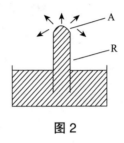

图 2

经由在开口 A 处略微加宽的管道，借助一个可压缩的橡胶球将空气高速排出。空气流在行进时沿所有方向均匀散布，在此过程中，气流的速度逐渐减少到零。根据我们的定律可以清楚地知道，由于高速，A 处的压力要小于距离开口更远处的压力；A 处存在吸力，而更远的地方则是静止的空气。如果将一根两端都开口的管 R 竖起，使其上端位于高速区域，其下端位于充满液体的容器中，则 A 处的吸力将把液体向上拉出容器，在 A 处出现的液体将被空气流分成微小的液滴并搅拌。

做了一番准备之后，让我们考虑弗莱特纳气缸中的液体运动。设 Z 是从上往下看到的气缸。起初它并不旋转。假定风沿箭头所示的方向吹。它必定会围绕气缸 Z 作某种回旋，在此过程中它以相同的速度经过 A 和 B。因此，A 和 B 处的压力将相同，风对气缸没有力的作用。现在让气缸沿箭头 P 的方向旋转。结果是，风在流经气缸时被不平等地分到了两侧：气缸的旋转将在 B 处辅助风的运动，在 A 处阻碍风的运动。在气缸旋转的影响下，在 B 处产生的运动要比在 A 处产生的运动速度更大。因此，A 处的压力大于 B 处的压力，气缸受到一个从左到右边的力的作用，这个力被用来推动船前进。

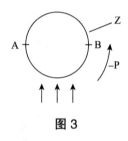

图3

我们也许以为，有创造力的人凭借自己，也就是说没有外在的原因，就能产生这个想法。然而，实际发生的事情却是这样的：人们观察到，即使在无风的情况下，炮弹的轨迹也会与穿过炮弹初始发射方向的垂直平面有相当大的、不规则变化的横向偏转。根据几何学，这种奇特的现象必然与炮弹的旋转有关，因为对于空气阻力的横向不对称想不到有什么其他原因。这种现象让专家们颇感困惑，后来柏林的物理学家马格努斯（Magus）大约在上个世纪中叶发现了正确的解释。它与我方才就风中作用于弗莱特纳气缸上的力所作的解释相同。只不过气缸 Z 被一个围绕垂直轴旋转的炮弹所取代，风则被空气与飞行炮弹的相对运动所取代。马格努斯用一个与弗莱特纳气缸没有材料差别的旋转气缸做了实验，并以此确证了他的解释。稍后，伟大的英国物理学家瑞利勋爵（Lord Rayleigh）就网球再次独立发现了相同的现象，并且给出了正确的解释。不久前，著名的普朗特（Prandtl）教授对马格努斯气缸周围的流体运动进行了准确的实验和理论研究，在此过程中，他设计并且几乎做出了弗莱特纳的整个发明。正是由于看到了普朗特的实验，弗莱特纳才想到也许可以用这个设备来代替帆。如果他没有想到这一点，谁知道其他人会不会想到？

河道形成弯曲的原因和所谓的贝尔定律

　　众所周知，水流倾向于沿蛇形弯曲，而不是循着地面的最大下降方向前进。地理学家也都知道，北半球的河流倾向于主要侵蚀右侧，而南半球的河流则相反（贝尔定律）。许多人都曾尝试解释这种现象，我不知道我接下来要讲的东西对于专家来说是否是新的；当然，我的一些思考大家是知道的。但由于发现大家还不太清楚这其中涉及的因果关系，我想不妨对此给出简短的定性论述。

　　首先，水流在触碰河堤的地方速度越大，或者说在河堤的某一点更陡峭地下降为零，侵蚀显然就越强。这平等地适用于所有情况，无论这种侵蚀依赖于力学因素还是物理－化学因素（土地成分的分解）。因此，我们必须集中关注这样一些情况，它们影响了河堤处速度下降的梯度。

　　在两种情况下，相关速度下降的不对称性间接缘于形成了一种圆周运动，我们接下来就来关注它。

　　我先谈一个小实验，任何人都很容易重复：想象一个装满茶的平底杯。一些茶叶留在杯子底部，因为它们比被其挤走的液体更重。如果用勺子使液体旋转，茶叶很快就会聚集在杯子底部的中心。这种现象的原因如下：液体的旋转导致一个离心力作用于它。如果液体像固体一样旋转，那么这本身会导致液体流动没有变化。但在杯壁附近液体受到摩擦的约束，因此它的旋转角速度要小于距离中心更近的其他地方。特别是，底部附近的旋转角速度和离心力将比高处更小。结果，液体会作如图1所示的那种圆形运动。它继续增加，直到在杯面摩擦的影响下变得静止。茶叶被圆周运动带向杯子中心，可以证明圆周运动的存在。

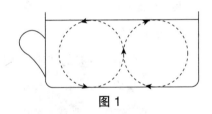

图 1

发生弯曲的水流也是类似（图2）。在弯曲河道的任一横截面处，都有一个离心力朝着曲线外侧的方向（从 A 到 B）发生作用。这个力在底部附近要小于高于底部的地方，因为底部附近的水流速度因摩擦而减小。这便引起了图2所示的那种圆周运动。但由于地球的旋转，即使河流没有弯曲，图2所示的那种圆周运动也仍然会发生，只不过是小规模的。地球的旋转产生一个横穿过水流方向起作用的科里奥利力，其向右的水平分量是每单位质量的流体 $2v\Omega\sin\Psi$，其中 v 是水流的速度，Ω 是地球旋转的速度，Ψ 是地理纬度。由于地面摩擦导致这个力朝着底部减小，所以这个力也产生了图 2 所示的那种圆形运动。

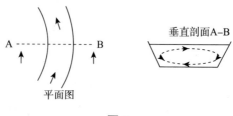

平面图

垂直剖面A–B

图 2

经过以上初步讨论，我们又回到了水流横截面的速度分布问题，它对于侵蚀起着决定性的作用。为此，我们必须先知道河流中的（湍流）速度分布是如何实现和得到维持的。如果河道中此前静止的水突然被一个均匀分布的加速力所启动，那么横截面上的速度分布起初将是均匀的。在河堤摩擦的影响下，将会逐渐形成一个从河堤朝着横截面中心逐渐增加的速度分布。横截面上（大体上）定态的速度分布只会在河流摩擦的影响下慢慢重新开始搅乱。

流体动力学以如下方式描述了这个静态速度分布的建立过程：在平面流（势流）的情况下，所有涡线都集中在河堤上。它们分离开来，朝着水流的横截面中心慢慢移动，分布于一个厚度不断增加的层上。河堤处的速度梯度因而逐渐减小。在液体内摩擦的作用下，水流横截面内部的涡丝被逐渐消耗，并且被河堤处形成的新的涡丝所取代。这样便产生了一种准静态的速度分布。对我们来说重要的是，获得静态速度分布是一个缓慢的过程。这就是为什么不太明显的、一直在起作用的原因能对横截面上的速度分布产生很大影响的原因。现在我们考虑一下，如图 2 所示的因河道弯曲或科里奥利力所引起的圆周运动会对河流横截面上的速度分布产生什么样的影响。运动最快的液体微粒距离河堤将会最远，也就是说在底部中心的上方。圆周运动将会驱策着河水的这些速度最快的部分朝着右堤移动，而左堤则会得到来自底部附近的速度特别低的水。因此在图 2 所示的情况下，对右侧的侵蚀必然比对左侧更强。应当注意，这种解释本质上基于这样一个事实，即河水缓慢的圆周运动会对速度分布产生相当大的影响，因为通过内摩擦（抵消了这种圆周运动的后果）所作的速度调整也是一个缓慢的过程。

我们现在已经揭示了河道弯曲形成的原因。然而，由这些事实还很容易推出一些细节。不仅对右堤的侵蚀比较大，对底部右半边的侵蚀也会比较大，因此会倾向于形成如图 3 所示的轮廓。

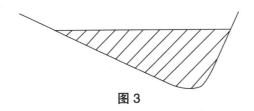

图 3

此外，由于表面的河水将会来自左堤，因此尤其是在左侧，河水移动得不会像更深的河水那么快。事实上，这一点已经被观察到了。还应注意，圆周运动具有惯性。因此，圆周只有在最大弯曲的地方以外才能达到最大，当然这也同样适用于侵蚀的不对称。因此在侵蚀过程中，河道弯曲形成的波线必定沿着水流的方向前进。最后，河流的横截面越大，圆周运动被摩擦消耗得就越慢；因此，河道弯曲形成的波线将会随着河流的横截面而增加。

关于科学真理

1. 很难赋予"科学真理"以准确的含义。根据我们讨论的是经验事实、数学命题还是科学理论,"真理"一词会有不同的含义。对我来说,"宗教真理"表达不出任何清晰的东西。

2. 科学研究鼓励人们通过因果关系来思考和看待事物,因此能破除迷信。在一切较为高级的科学工作背后,必定存在一种关于世界的合理性或可理解性的信念,这有点像宗教感情。

3. 这种对经验世界中显示出来的更高心智的坚定信念,与深挚的感情结合在一起,就是我的上帝观。按照通常的说法,可以把它称为"泛神论的"(斯宾诺莎)。

4. 至于教派传统,我只能从历史和心理上去考察;它们于我没有别的意义。

科学家的道义责任

我们是否应当认为，追求真理——或者更谦逊地说，努力通过构造性的逻辑思维去理解可经验的宇宙——是我们工作的一个独立目标？或者说，追求真理是否应当服从于其他某个目标，比如服从于一些"实用上的"考虑？这个问题不能基于逻辑来决定。但只要我们的决定是出自深挚的、不可动摇的信念，它就会对我们的思考和道德判断产生很大影响。那么就让我来坦白一下：对我而言，努力获得更多的洞见和理解是那些独立的目标之一，若是没有这些目标，一个有思想的人就不会有积极自觉的态度来对待生活。

我们为追求理解所作的努力，其本质就在于既试图包含各种庞杂的人类经验，又寻求简单而经济的基本假定。考虑到我们的科学认识还处于原始状态，相信这两个目标能够并存乃是一个信仰问题。若没有这种信仰，我就不能对知识的独立价值有不可动摇的强大信念。

对于从事科学工作的人来说，这在某种意义上是一种宗教态度，它会影响其整个人格。因为除了从积累的经验和逻辑思维规则中获得的知识，科学工作者原则上没有任何权威能把自己的决定和陈述宣布为"真理"。这便导致了一种悖谬的状况：从社会的观点来看，一个人全身心致力于研究客观事物的人会发展成一个极端的个人主义者，至少在原则上，他除了自己的判断，什么也不相信。很有可能作出这样的断言：思想上的个人主义与科学时代在历史上是同时出现的，而且自那以后一直密不可分。

也许有人会说，这里所讲的科学家只不过是一种抽象，实际上并不存在于这个世界，就像古典经济学中的"经济人"（*homo oeconomicus*）一样。但是在我看来，倘若在许多个世纪里没有很多这样的人非常接近于这个理想，我们今天所知道的科学就不可能出现，也不可能一直保持活力。

当然，并不是每一个学会使用那些直接或间接显得像"科学的"工具和方法的人都是我心目中的科学家。我指的仅仅是那些有真正活跃的科学精神状态的人。

那么，今天的科学家在人类社会中的地位又如何呢？通过将体力劳动几乎完全淘汰，科学家的工作已经帮助人类彻底改变了经济生活，他对此显然相当自豪。但另一方面，让科学家感到苦恼的是，他的研究成果已经落入一些盲目追求政治权力的人之手，这些成果也因此成为对人类的严重威胁。他又意识到，他的工作所促成的那些技术方法已经导致经济和政治权力集中在少数人手中，这些人渐渐完全主导了日益显得涣散的民众的生活。更严重的是，经济和政治权力集中在少数人手中不仅使科学家有外部的物质依赖，而且也从内部威胁着他的独立性；从思想和精神上影响科学家的狡猾手段会阻碍其独立人格的发展。

因此，正如我们亲眼看到的，科学家正遭受着一种着实可悲的命运。他真心诚意地追求清晰和内心的独立，通过超乎常人的努力，结果却制造出了不仅会奴役他而且会从内部摧毁他的工具。那些掌握着政治权力的人必定会让他噤声。作为士兵，他不得不牺牲自己的生命和消灭别人的生命，尽管他确信这种牺牲是荒谬无意义的。他很清楚普遍的毁灭不可避免，因为历史发展已经导致所有经济、政治、军事权力都集中在国家手中。他也认识到，只有创建一个以法律为根据的超国家制度来永远消灭残忍的暴力手段，人类才可能得救。但科学家竟然沦落到把国家强加给他的奴役当作不可避免的命运接受下来，甚至自甘堕落到这样的地步，竟然顺从地帮助完善那些毁灭人类的工具。

难道科学家真的无法逃脱这种命运吗？难道他真的必须容忍和遭受所有这些侮辱吗？科学家通过自己的内心自由、通过其独立的思想和工作所唤醒的那个时代，科学家有机会对他的同胞进行启蒙并且丰富其生活的那个时代，难道真的永远逝去了吗？当他把工作过分置于一种理智基础上时，他岂不是忘记了责任和尊严吗？我的回答是：一个内心自由和严谨认真的人固然可以被消灭，但绝不可能被奴役，也不可能变成盲目的工具。

如果今天的科学家能有时间和勇气诚恳地认真思考自己的处境和面临的任务，并且相应地行动起来，那么就很有可能合理而妥善地化解目前充满危险的国际局势。

译后记

　　《我的世界观》（*Mein Weltbild*）最初于 1934 年由克里多（Querido）出版社在阿姆斯特丹出版，它是截至 1933 年上半年的爱因斯坦文集，由爱因斯坦的女婿鲁道夫·凯泽尔（Rudolph Kayser）以笔名 "J. H." 选编。[①]1953 年，卡尔·塞利希（Carl Seelig）根据 1934 年版的《我的世界观》和 1950 年出版的《晚年集》选编了增补版的《我的世界观》，并且得到了爱因斯坦本人的首肯。书中收录了爱因斯坦关于人生、科学、政治、宗教、教育、犹太人、经济、和平等问题的言论和文章，显示了爱因斯坦的人生态度、敏锐的洞察力和对人类命运的深挚关切。2014 年，德国乌尔施坦（Ullstein）出版社出版了该书最新的第 32 版，这里的中译本即据此德文版译出，并且参考了已有的英译文，其中爱因斯坦原本用英文写的文章则基本根据英文译出。原书书末附有几十页关于各篇文章的出处和背景说明，与正文

---

① 1937 年，上海文化出版社出过叶蕴理译的此书中译本。——译者

关系不大，而且包含着一些史实错误，故略去未译。

需要特别说明的是，除少数几篇文章尚无中译以外，《我的世界观》中的大部分文章均已收在许良英等先生编译的《爱因斯坦文集》第一卷和第三卷中。《爱因斯坦文集》质量优异，凝聚着老先生们付出的巨大心血，是国内同类著作中的佼佼者，本书翻译时自然作了参考。不过《爱因斯坦文集》出版至今已近半个世纪，其中不少译文都还有改进的余地，比如大多数文章翻译时主要参考的是英译本，有些行文不够简练，不可避免有一些小错误，等等。而且三卷书合在一起部头太大，不如《我的世界观》更方便普通人了解爱因斯坦的方方面面，在这个意义上，出版《我的世界观》的中译本也是有意义的。这里我要向许良英等诸位先生致以深深的谢意和敬意！没有他们的工作在先，我未必敢承接这项艰巨的任务，至少翻译起来会困难许多。但尽管如此，翻译这本小书还是要付出很大精力。爱因斯坦行文隽永、简练，其微妙意趣实难用中文恰当表达。期待各位读者提出宝贵意见，以使译文日臻完善！

译者

2016 年 10 月 30 日